Feitos um para o outro

Almas Gêmeas na Ficção e na Vida Real

Feitos um para o outro

Almas Gêmeas na Ficção e na Vida Real

Thomas Ulrich

Tradução
VERA ANTUNES

EDITORA PENSAMENTO
São Paulo

Título do original:
Dualseelen

Copyright © Aquamarin Verlag, Grafing.

Todos os direitos reservados. Nenhuma parte deste livro pode ser reproduzida ou usada de qualquer forma ou por qualquer meio, eletrônico ou mecânico, inclusive fotocópias, gravações ou sistema de armazenamento em banco de dados, sem permissão por escrito, exceto nos casos de trechos curtos citados em resenhas críticas ou artigos de revistas.

O primeiro número à esquerda indica a edição, ou reedição, desta obra. A primeira dezena à direita indica o ano em que esta edição, ou reedição, foi publicada.

Edição	Ano
1-2-3-4-5-6-7-8-9-10	00-01-02-03-04-05

Direitos de tradução para a língua portuguesa
adquiridos com exclusividade pela
EDITORA PENSAMENTO LTDA.
Rua Dr. Mário Vicente, 374 — 04270-000 — São Paulo
Fone: 272-1399 — Fax: 272-4770
E-mail: pensamento@cultrix.com.br
http://www.pensamento-cultrix.com.br
que se reserva a propriedade literária desta tradução.

Impresso em nossas oficinas gráficas.

Sumário

Introdução 9

1. Criação 13

2. Divisão 25

3. A Perda da Graça 53

4. A Passagem das Almas Gêmeas pela Matéria 67

5. Casamentos Terrenos e Celestiais 79

6. Contos e Parábolas 101

7. A União de Almas Gêmeas 117

8. Retorno ao Nirvana 123

Comentários Finais 132

Gentilmente, com o entrelaçar desta delicada fita
Fomos unidos para sempre, é verdade, tu e eu.
Enviaram-me de terras longínquas e estranhas
Apenas para me fortalecer na união contigo.

Os laços entre nós são estranhos e tortuosos;
Ninguém senão tu pode desenredá-los.
E só quando o conseguires
Poderemos ambos ser purificados e libertos.

Éfides*

---

* Trecho do *Éfides — Ein Dichter des Transzendenten (Éfides — Um poeta transcendental)*, gentilmente cedido por Anthos Publishers Weinheim, Alemanha.

Introdução

É muito provável que você já tenha ouvido falar de "almas gêmeas". Claro que cada pessoa pode ter uma idéia diferente sobre o que essa expressão realmente significa.

Almas gêmeas (também conhecidas como "almas duais" ou "almas companheiras") são duas pessoas — uma representando o princípio masculino e a outra o feminino — que estiveram unidas desde tempos imemoriais. Pessoas assim são descritas como "almas irmãs" ou "metades de uma laranja". A doutrina das almas gêmeas diz que para cada homem existe uma determinada mulher (sua companheira original, única e genuína) e vice-versa: para cada mulher há um determinado homem.

Infelizmente, o conhecimento antigo sobre almas gêmeas está quase totalmente esquecido nos dias de hoje. Embora as pessoas ditas modernas raramente se preocupem com questões místicas — e, portanto, não compreendam a unidade primordial das almas gêmeas — isso não significa que essa sabedoria primitiva tenha se perdido completamente. Ela se manteve no inconsciente humano, como podemos verificar observando as muitas figuras de linguagem, cujos significados originais já não sabemos mais, embora confirmem, não obstante, esse conhecimento. Por exemplo, às vezes nos referimos a pessoas que "foram feitas uma para a outra" ou que estavam "destinadas uma para a outra". A expressão "cada panela com sua tampa" também traduz o mesmo pensamento. Um marido muitas vezes se refere à sua esposa como "minha cara-*metade*". No interessantíssimo filme de suspense de Kenneth Branagh *Voltar a morrer*, um jovem recém-casado coloca uma pulseira no tornozelo da esposa e explica a ela o simbolismo do ato: "Quando um homem põe uma corrente no tornozelo de sua esposa, isso significa que daí em diante não existem mais separadamente mas transformaram-se num único ser. São metades da mesma pessoa, metades de um todo, e nem mesmo a morte pode separá-los". Essas poucas palavras expressam praticamente tudo o que há para se dizer sobre as almas gêmeas.

Elas são realmente metades de um todo original. A doutrina das almas gêmeas parte do pressuposto de que, originalmente, para cada homem e para cada mulher existia um par. Segundo essa idéia, os membros desse par pertenciam um ao outro e representavam, na sua união, "o ser humano em estado de totalidade e completude". A Bíblia (Gênesis 1:27) se refere a isso da seguinte maneira: "Deus criou o homem à sua imagem; à imagem de Deus ele o criou; homem e mulher ele os criou". De acordo com o Zohar, este "ser humano em estado de totalidade e completude" é o único ser que "verdadeiramente merece ser chamado de humano". A díade humana primordial unifica os princípios masculino e feminino em si mesma. As metades se unem para formar um ser humano completo e andrógino.

É claro que surge naturalmente uma questão: como e por que essas díades se separam? Vamos nos estender mais sobre esta questão no Capítulo 2.

Os Capítulos 2, 4, 5, 6 e 7 tratam especificamente da questão das almas gêmeas. Mas, você pode perguntar, por que este livro também aborda os temas da criação, da perda da graça e do nirvana? A resposta é que, se quisermos compreender o caminho das almas gêmeas, temos de começar nossa investigação em algum ponto anterior à sua divisão em dois seres de maneira que possamos ter uma idéia de seu estado originário. Para chegar até ele precisamos discutir a criação e a perda da graça (o pecado original) que estão intimamente ligadas à criação do mundo visível e à divisão das almas gêmeas, a qual inclui não apenas a separação em dois seres como também, freqüentemente, cria obstáculos para que eles voltem a se encontrar. Assim sendo, ela nos obriga a examinar cuidadosamente o pecado original e suas conseqüências. Finalmente, nirvana é o termo oriental para o estado original em que se encontravam as almas antes da criação e da perda da graça. Nirvana é também o plano para o qual, mais cedo ou mais tarde, dependendo de sua evolução, essas almas retornarão um dia. É o equivalente ao "Reino de Deus" ao qual se refere Jesus.

Desejo que a leitura deste livro seja muito prazerosa para meus leitores e lhes traga muitas idéias novas a respeito de si mesmos.

1. Criação

De onde veio a criação? Foi Ele que a instituiu ou não? Ele que vive tão lá no alto e que tudo vê? Só Ele sabe a resposta; ou será que nem mesmo Ele a conhece?

— *Rig Veda*

Este verso da "Canção da Criação" do Rig Veda expressa, em poucas palavras, absolutamente tudo que mesmo o ser humano mais desenvolvido espiritualmente sabe a respeito da criação e suas causas — ou, mais precisamente, expressa tudo que tais indivíduos *não sabem* ou *não podem saber*. Neste ponto do nosso trabalho precisamos nos concentrar em duas perguntas: *Por que* ocorreu a criação? E *de onde* ela veio? Tentarei responder essas questões da melhor maneira possível.

Antes de mais nada: por que o mundo visível foi criado? Afinal de contas, não é em Deus o lar de todas as almas? E elas não estão enclausuradas em corpos materiais durante toda a viagem cósmica que as separa de Deus, e de seu lar original?

Parece que a única resposta possível é que o mundo visível foi criado para dar a essas almas, que se deixaram levar para longe de Deus algo a que se agarrar. Antes do assim chamado "pecado original", o mundo visível não existia. Sua criação foi necessária a partir do momento em que algumas almas se afastaram de Deus e permitiu que elas desfrutassem a ilusão do *maya* e experimentassem a dor do sofrimento. Isso não deve ser entendido como um ato de *vingança* divina, mas como algo que as leve a refletir sobre seu sofrimento de modo que, em última análise, revejam seu caminho de *afastamento de Deus* e se voltem mais uma vez *para Ele*. Há muitas razões para concordar com a doutrina budista que afirma que não há um Deus, o Criador, e que o mundo é simplesmente a interação de inúmeros fatores interdependentes. De acordo com esse ponto de vista, a criação da matéria é o resultado de um comportamento equivocado das almas encarnadas no mundo material. Afinal de contas, não é um tanto difícil imaginar que um Deus, sentado em Seu trono no céu, se sentisse eventualmente tão entediado a ponto de criar um mundo apenas para preencher Seus momentos de ociosidade?

Isso nos leva à segunda pergunta: de onde veio a criação do mundo visível?

A resposta é que o mundo foi criado pela materialização do pensamento espiritual. Yogananda explica a gênese e essência do cosmos visível como um sonho de Deus (*maya*). De acordo com essa convincente tese, a consciência é a principal substância do universo e a matéria é simplesmente energia manifesta num plano inferior. Yogananda conclui que a energia cósmica nada mais é que a projeção da vontade de Deus.[1] Essa opinião é compartilhada pelos brâmanes indianos que ensinam que as raízes deste mundo estão no pensamento (i.e., na consciência).

Segundo São João, a criação ocorreu não apenas por um ato de consciência, ou pensamento, mas também por meio da Palavra. Examinaremos essa idéia rapidamente, mas antes precisamos demonstrar que consciência, pensamento e Palavra são, na verdade, três aspectos inter-relacionados de uma mesma realidade. Tudo começa com a consciência: sem ela não haveria pensamento e sem pensamento não haveria palavra. A consciência é o núcleo essencial. Quando a consciência toma conhecimento de si mesma dá início ao pensamento, o qual flui a partir dela e por isso é descrito como sua primeira emana-

---

1. Kriyananda: *Essence of Self Realization: The Wisdom of Paramahansa Yogananda* (Nevada City: Crystal Clarity Publications, 1990). [*A Essência da Auto-Realização*, publicado pela Editora Pensamento, São Paulo, 1995.]

ção. O pensamento se completa e se aperfeiçoa pela Palavra falada, que constitui a segunda emanação da consciência. Contudo, esta segunda emanação só pode ser alcançada com a ajuda do pensamento, o qual funciona como um mediador entre a consciência e a Palavra. Essa situação é corroborada pela história da criação descrita no Evangelho segundo São João: "No princípio era o Verbo, e o Verbo estava com Deus, e o Verbo era Deus" (João 1:1). "No princípio, ele estava com Deus" (João 1:2). "Tudo foi feito por meio dele; e sem ele nada foi feito" (João 1:3). "O que foi feito nele era a vida, e a vida era a luz dos homens" (João 1:4). "E a luz brilha nas trevas, mas as trevas não a apreenderam" (João 1:5).

Encontramos paralelos admiráveis entre João 1:1 e o Rig Veda, no qual se dá o nome de Vac ao princípio complementar feminino que expressa o aspecto criativo de Deus. Vac é a Palavra e, quando Vac fala, o mundo surge. João 1:1 e 1:2 sugerem que a natureza de Deus tem duas faces. Por um lado, tendo feito surgir o mundo a partir de Si mesmo, Ele faz parte de toda a criação e está em cada ser. Por outro lado, Ele permanece Consigo, em estado de plenitude e totalmente separado de todas as formas criadas. O Upanishad Svetashvatara apresenta essa visão da seguinte maneira: "Apenas Ele é o universo, tudo o que foi, tudo o que será. Ele tornou-se o espaço cósmico e, ainda assim, permanece eternamente imutável".[2]

O Upanishad Brihadaranyaka é mais um, entre outros livros sagrados, que corrobora João 1:3. De acordo com esse antigo texto hinduísta "Este Ser é o Senhor e Rei, acima de todas as coisas. Do mesmo modo que os raios de uma roda se mantêm unidos pelo eixo e pelo aro, assim também todos os seres, todas as criaturas, todos os deuses, todos os mundos, todas as coisas vivas se mantêm unidas no Ser. O Ser criou seres de duas e quatro pernas e então penetrou em seus corpos e começou a habitar o coração do lótus. Pode-se chamá-lo *purusha* [espírito]. Nada poderia existir se não estivesse cercado por e impregnado de purusha. Ele se apoderou de todas as formas

---

2. *Die Schönsten Upanischaden* (Freiburg, 1994), p. 190.

para que pudesse se manifestar por intermédio delas. O Ser, o Senhor, se manifesta por meio de todas as formas de *maya*, tornando-se dezenas, centenas e quantidades infinitas".[3]

Podemos concluir, a partir desses textos sagrados, que tudo o que existe originou-se em Deus. Conseqüentemente, a figura do diabo no cristianismo e a de Satã no islamismo, não são entidades independentes ou forças opostas a Deus, mas representam todos aqueles seres que optaram por não viver em harmonia com sua origem (i.e., com Deus).

João 1:4 corrobora ainda mais o parágrafo anterior. Esse versículo bíblico declara expressamente que todos os seres sorvem suas vidas da Luz (que é equivalente a *espírito*) e que seu destino era, é e continuará a ser sempre, vagar e habitar essa luminosidade (i.e., no espírito de Deus). Quando as emanações dessa Luz se individualizaram, algumas julgaram, erroneamente, que eram seres independentes. Tolamente acreditaram que poderiam viver distantes de Deus, e essa noção equivocada gerou nelas a escuridão. Obviamente não há escuridão de fato, como fica bem claro em João 1:5, mas algo que se assemelha a ela, que é conseqüência do afastamento de Deus e existe apenas quando não nos damos conta de nossa verdadeira origem. Esta é a razão pela qual está escrito que "Deus separou a luz e as trevas" (Gênesis 1:4). Ao comentar essa passagem o Zohar explica: "Os raios de luz gerados pelo Ser Sagrado irradiaram de uma ponta do mundo à outra e então se esconderam. Por quê? Para que os pecadores não pudessem deleitar-se com Ele".[4] (Devemos sempre nos lembrar que, quando nos referimos à "criação da luz", num sentido estrito, a expressão pode levar a enganos, uma vez que a luz divina sempre existiu. Portanto, não foi criada e é imortal.) O Zohar nos ensina ainda que "a separação entre a luz e as trevas nos remete ao período do exílio, em que predominava o princípio da divisão".[5]

---

3. *Die Schönsten Upanischaden* (Freiburg, 1994), p. 144s.
4. *Der Sohar — das heilige Buch der Kabbala* (Munique: Diederichs, 1993), p. 50.
5. *Ibid.*, p. 51.

João 1:5 refere-se novamente à origem divina de cada ser. Todos trazem em si a centelha divina, mas podem apenas vivenciá-la por meio da contemplação interior. Os Upanishads confirmam este ensinamento, e o Upanishad Chandogya, por exemplo, diz: "Apenas aquele que encontrou Brahma no mais íntimo de seu coração conhece-o verdadeiramente".[6] O Upanishad Svetashvatara prega uma doutrina semelhante: "Na verdade, vós estais sempre unidos ao Senhor. Mas deveis *vivenciá-lo*. Este é o único saber que tem valor".[7]

Em João 1.5 também somos lembrados da perseguição implacável levada a cabo pela humanidade ignorante contra os grandes mestres espirituais. Infelizmente não faltam mártires, como bem podemos perceber ao lembrar o destino de Orígenes e Sócrates ou a crucificação de Jesus. João 1:5 nos diz que toda a natureza e todos os seres vivos (i.e., homens e animais) são projeções de Deus e, ao contemplar Suas criaturas, podemos reconhecê-Lo. Aqueles que definham na escuridão do mundo material ainda não compreenderam essa verdade e continuam a pecar contra Deus de incontáveis maneiras, desconhecendo o fato de que Ele pode ser encontrado em todos os lugares. São as pessoas ignorantes e destrutivas que entram em guerra contra outros seres humanos, dizimam animais e saqueiam a natureza.

Quero destacar que as histórias sobre a criação do mundo que citei anteriormente formam a base da consciência, do pensamento e da Palavra. Não devem ser entendidas como descrições de uma criação *ex nihilo* (saída do nada). O processo de criação deve ser compreendido, mais exatamente, como a materialização de componentes preexistentes, cuja substância não tem começo nem fim.

A história da criação contada por Uddalaka no Upanishad Chandogya vem ao encontro dessa idéia, dizendo: "No princípio era ser — apenas um, sem um segundo. Algumas pessoas alegam que no princípio era o não-ser e que o cosmos surgiu daí. Mas como isso pode

---

6. *Die Schönsten Upanischaden* (Freiburg, 1994), p. 95.
7. *Ibid.*, p. 183.

ser possível? Como pode o ser surgir do não-ser? Não, meu filho, no princípio era ser, nada além de ser — apenas um, sem um segundo".[8]

Os ensinamentos de Orígenes sustentam esse ponto de vista e confirmam a imortalidade da substância primordial: "Ela pode admitir mudança e diferença em si própria e será colocada, de acordo com seus méritos, em níveis mais ou menos elevados; mas dissolução da substância é algo que jamais acontecerá àquilo que Deus criou para existir e durar" (de princ. III,6).

A criação material (i.e., o universo, do qual fazem parte nosso planeta, o Sol e todo o mundo visível) foi o último episódio de uma série de eventos que ocorreram durante a criação. Muito antes do surgimento do universo material, seres espirituais emanaram de Deus — o Grande Espírito — qual centelhas de uma luz infinita. Essas primeiras emanações foram iniciadas por Deus. Depois, algumas almas caíram em desgraça, afastaram-se de Deus e se individualizaram, daí resultando a criação material. O Zohar explica essa situação com uma parábola: "Este é o sentido das palavras *um filho sábio agrada a seu pai, um filho tolo entristece sua mãe*. O filho sábio é o ser humano em estado de emanação; o filho tolo é o ser humano em estado de criação".[9]

Os vários momentos da criação sucedem-se, de dentro para fora, em círculos concêntricos. A emanação também é representada algumas vezes como um movimento de cima para baixo — quer dizer, do mais etéreo para o mais material — e, conseqüentemente, do espírito originário em direção ao último estágio da criação materializada. Muitas histórias e mitos sobre a criação concordam que ela ocorreu por meio de emanação e extensão. A própria forma do ser humano demonstra que ela deve ter acontecido dessa maneira. Jesus disse: "O Reino dos Céus está em ti" e Buda alertou: "Se encontrares Buda ao longo do caminho mata-o, pois é um falso Buda. O verdadeiro Buda está dentro de ti". Escondida no mais profundo do nosso ser, no nosso

---

8. *Die Schönsten Upanischaden* (Freiburg, 1994), p. 105.
9. *Der Sohar — das heilige Buch der Kabbala* (Munique: Diederichs, 1993), p. 123.

núcleo por assim dizer, está a centelha divina, o Ser. Ele é envolvido pela alma que, por sua vez, é revestida por invólucros materiais, cada vez mais densos. Essas formas etéreas encarnam na matéria física, aqui na terra ou em outro lugar. Toda a criação segue esse mesmo padrão: no centro encontramos Deus, que repousa em Si Próprio, que nunca muda e, ao mesmo tempo, permeia todos os seres. Pode-se considerar que os seres que alcançaram a redenção e retornaram a seu estado original (nirvana) vivem próximos (ou dentro) desse centro divino. O núcleo desse círculo interior não se altera; não há tempo, sofrimento, nascimento ou morte. Os seres que aqui habitam gozam a eterna bem-aventurança.

O círculo seguinte é constituído pela fase intermediária entre o círculo interior e o exterior. Nesse estágio a alma atravessa o espaço entre as encarnações terrenas ou outras encarnações materiais. Aqui ela se refaz para a sua próxima missão num corpo físico — uma missão cheia de riscos. Aqui, tal como entre as almas redimidas, o tempo não existe.

O círculo exterior abrange as almas que estão encarnadas materialmente. Aqui a roda do tempo gira. Conforme o Upanishad Svetashvatara: "A vastidão do espaço é uma roda eternamente em movimento, a roda de Brahma. Todas as criaturas sujeitas a nascer, morrer e renascer passarão por essa roda. Porque enquanto os seres individualizados continuarem a acreditar que vivem separados de Brahma, eles continuarão a se debater nessa roda, submetidos às leis do nascimento, da morte e do renascimento. Mas quando, pelas graças de Brahma, perceberem sua unidade com Ele, não precisarão mais girar com a roda. Terão atingido a imortalidade".[10]

Pela literatura citada acima, podemos perceber que o tempo é apenas um conceito relativo e, como tal, existe apenas no plano menos evoluído: o material. Platão enuncia idéia semelhante em seu *Timaeus*, no qual explica que o conceito de tempo não pode ser aplicado ao reino dos seres imortais, pois nele existe apenas o presente

---

10. *Die Schönsten Upanischaden* (Freiburg, 1944), p. 182.

imutável (*Timaeus* 29a). Em seu livro *Sphärenwanderer* (*Vagando pelas esferas*), Herbert Engel descreve o processo de criação e o início da temporalidade como sendo simultâneos: "O espaço surgiu quando a energia primordial saiu da unidade em que existia anteriormente para a primeira manifestação de tensão dinâmica. O núcleo original permaneceu estático em si mesmo. Mas um segundo ponto começou imediatamente a orbitar ao redor do primeiro. E, assim, o tempo começou a existir".[11] Os vários mundos tornam-se progressivamente menos puros à medida que descemos os degraus dessa escada cósmica. Nosso mundo material é o mais baixo e, por isso, o reino mais impuro de todos.[12]

Lendo esses textos, podemos compreender imediatamente que o mundo material nada mais é, na verdade, que um reflexo (embora muito distorcido) de esferas espirituais mais elevadas. As pessoas familiarizadas com o mundo espiritual ensinam a equivalência fundamental entre *acima* e *abaixo*. Cada forma visível é o reflexo de uma idéia eterna pois, sem um modelo anterior, não haveria a possibilidade de existir qualquer representação. Todas essas formas se propagaram do interior para o exterior. Timaeus, na seção 29a do diálogo de Platão de mesmo nome, explica que o mundo criado é uma representação baseada num modelo anterior: "Se este mundo é belo e seu autor é bom, então seu olhar deve ter pousado sobre aquilo que é imortal. É heresia sugerir que Ele baseou a criação em algo que já havia sido criado".

Surge ainda uma outra questão relacionada à criação: ela foi um processo que se desenvolveu uma única vez ou se repete periodicamente? Alguns religiosos pregam a doutrina cíclica, com a qual Orígenes concordava. Teorias hinduístas sobre a criação cíclica afirmam que o universo existe e assim continua — de sua criação até sua

---

11. Herbert Engel: *Der Sphärenawanderer* (Interlaken, Suíça, 1995), p. 221.
12. Cf. H. P. Blavatsky: *The Secret Doctrine*, 2 vols. (Wheaton: The Theosophical Publishing House, 1989). [*A Doutrina Secreta*, publicado pela Editora Pensamento, São Paulo, 1980.]

destruição — apenas enquanto Brahma está acordado. Quando ele adormece, o cosmo retorna a seu elemento primordial, o assim chamado "átomo original". Um modelo científico ocidental, amplamente aceito, supõe, do mesmo modo, que o universo foi criado num *big-bang* instantâneo e tem se expandido desde então. Quando chegar a seu ponto máximo de expansão, terá início uma fase de contração e o universo começará a reduzir-se, voltando ao nada de onde começou.

Helena P. Blavatsky afirma que há um ser infinito, de existência eterna, e que é alternadamente ativo e passivo. Durante seus períodos de atividade, a entidade divina se expande até que, num gesto final, faz surgir o universo visível. Durante seus períodos de passividade, o ser divino se retira para o interior de si mesmo e todos os seres materiais no universo físico perdem a existência.[13]

O Corão também descreve um processo cíclico de criação. O Sura 29:20 se refere a ele com as seguintes palavras: "Não vêem eles como Deus fez surgir a criação e então fez com que ela retornasse novamente ao ponto de onde viera?"

Contudo, seria um erro concluir que todo o universo foi criado e destruído muitas vezes. Sabemos que sistemas solares inteiros nascem e morrem nesse cosmo gigantesco, de modo que é óbvio que existe um processo cíclico no universo. Mas apenas esse conhecimento não prova, nem deixa de provar, que o cosmo *como um todo*, está sujeito a ciclos de criação e desintegração. De acordo com Helena P. Blavatsky: "As doutrinas secretas sobre a evolução de todo o universo não podem ser transmitidas porque nem mesmo as mentes mais evoluídas desta era podem compreendê-las".[14]

Pessoalmente, acredito que todo o universo poderia estar, durante um certo período de tempo, sujeito a sucessivos ciclos de criação e destruição. Para que essa hipótese esteja correta, deve haver necessariamente um começo e, uma vez que houve um começo, deveria ha-

---

13. Wilhelm Kienzler: *Die Schöpfung* (Engelberg, Suíça e Munique, 1977), p. 29s.
14. H. P. Blavatsky: *The Secret Doctrine*, 2 vols. (Wheaton: The Theosophical Publishing House, 1989).

ver também um fim. A base dessa minha crença é que, como vimos anteriormente, o mundo material surgiu apenas com o intuito de dar aos seres que perderam a graça algo a que pudessem se apegar. Conseqüentemente, a criação de outros mundos materiais só ocorreria se ela fosse necessária para maior evolução e redenção espiritual daqueles que haviam se afastado de Deus. Quando finalmente o último ser for redimido, qualquer criação material se tornará desnecessária. Se, por outro lado, defendêssemos a idéia de que os ciclos de criação e destruição materiais continuam infinitamente, estaríamos negando todas as doutrinas que sustentam que, em um determinado momento ao longo do processo, a alma se reconcilia para sempre com sua origem. Estaríamos negando um ensinamento atribuído ao próprio Buda, que disse: "Para aqueles que alcançaram o nirvana, não é possível retornar a este mundo". Além disso, se fosse verdade que a criação do mundo material ocorreu para que os seres que se afastaram de Deus pudessem ter algo a que se apegar, considerar que a criação continua em ciclos infinitos levaria à absurda conclusão que Deus não rege todos os processos cósmicos e que, em última análise, tudo retorna novamente ao caos.

A célula-mãe cósmica tem importante papel em muitos dos mitos sobre a criação. O núcleo gerador mais importante é, frequentemente, associado não apenas ao macrocosmo mas também ao microcosmo — quer dizer, à criação dos seres humanos. Mitos relacionados a este tema constituem uma excelente ponte para o nosso próximo capítulo, no qual aprenderemos sobre a divisão do ser humano, originalmente andrógino, em metades — a masculina e a feminina.

Um poema hinduísta sobre a criação diz que o ovo de ouro cresceu de uma semente que flutuou sobre o oceano cósmico durante um ano. Finalmente Brahma nasceu desse ovo e dividiu-se em dois seres, um masculino e um feminino. O conceito indiano de *purusha* está, do mesmo modo, associado ao mito da divisão binária de uma célula-mãe cósmica. Nessa história, contudo, o elemento feminino surge a partir da metade masculina. Essa lenda antiga traz ainda um outro indício de que o estado original de androginia se aplica a todo o universo bem como a cada indivíduo. A divisão binária em espírito e matéria, da mesma maneira que a divisão entre macho e fêmea, aplica-se a todas as coisas na natureza.

De acordo com um mito narrado pelo povo Kaiva Kamu na vila de Orokolo, perto do Golfo de Papua, os dois primeiros seres humanos nasceram de um ovo. Nesse momento, a superfície da Terra foi totalmente coberta pelas águas; nada vivia nesse mundo aquático a não ser uma imensa tartaruga, que usava suas poderosas nadadeiras para retirar terra do fundo do oceano. A quantidade de terra foi aumentando, aumentando até que a tartaruga pode subir nela e descansar. Depois, começou a cavar buracos na terra; cada um deles era maior que uma casa e neles ela botou seus ovos. Depois de algum tempo, o primeiro ser humano nasceu de um desses ovos. As primeiras pessoas que surgiram dos ovos da tartaruga foram chamadas Ivi Apo e Kerema Apo. Segundo a tradição Kaiva Kamu, eles formaram o primeiro casal humano. Mas, no princípio, Ivi Apo e Kerema Apo ainda não eram um homem e uma mulher porque não tinham órgãos sexuais. Seus genitais eram lisos e sem formas definidas. Foi apenas mais tarde que Kerema Apo e Ivi Apo transformaram-se em homem e mulher.

2. Divisão

Este capítulo sobre a divisão binária do ser humano, originalmente andrógino, em dois seres — um homem e uma mulher — constitui, juntamente com os Capítulos 5 e 7, a parte mais importante deste livro. Ao lê-lo, perceberemos que esse tema é discutido não apenas no *Simposium*, de Platão, mas também está presente em todas as grandes tradições religiosas, assim como nos mitos de muitos povos primitivos, devido à sua sabedoria arquetípica.

Para sistematizar as diversas informações apresentadas, vamos comparar as diferentes lendas. Isso permitirá que verifiquemos os pontos de concordância ou as contradições entre elas. Usaremos versículos do Gênesis como referência para essas comparações e cada texto bíblico será comentado extensamente e comparado a outras histórias tradicionais.

Vamos começar, então, com os versículos do Gênesis que são pertinentes.

Deus criou o homem à sua imagem, à imagem de Deus
Ele o criou; homem e mulher ele os criou.
(1:27)

Segundo Edgar Cayce, no princípio, quando as almas foram criadas, elas não eram nem homem nem mulher, mas uma totalidade. Simon Magus nos ensina que Deus fez o primeiro ser humano com o pó da Terra. Ele não o fez como um ser simples, mas idealizou-o como um ser dual, à Sua semelhança.

No Zohar lemos que o ser humano, originado da emanação, era ao mesmo tempo macho e fêmea e, conseqüentemente, tinha nesse estágio duas faces. Apenas essa criatura pode ser verdadeiramente chamada de ser humano.

Inúmeros outros mitos referem-se à androginia (i.e., duplo sexo, masculino e feminino) original desse ser que posteriormente foi dividido em partes masculinas e femininas. Fica claro, então, que nos acontecimentos descritos no primeiro capítulo do Gênesis, Deus criou o ser humano como um homem e uma mulher (i.e., como um ser masculino-feminino). Em conseqüência dessa emanação divina primária surgiu de Deus um ser total, completo. Só mais tarde, em outro estágio da criação, é que essa entidade holística foi dividida (ou dividiu-se) em duas partes polarizadas. Essa divisão provavelmente está relacionada à descida ao plano material, uma vez que tudo nele é composto de polaridades (ex. dia e noite, vida e morte, começo e fim, saúde e doença). O ser humano, que também habita o reino material e cujo corpo físico surgiu da matéria, não pode escapar dessa dualidade e está sujeito às leis da polaridade. Devemos observar que a separação de gêneros está relacionada à passagem para o plano material e que o primeiro ser humano na Terra ainda era andrógino, conforme nos contam inúmeros mitos. Só posteriormente é que o ser humano primitivo irá se dividir em dois sexos. Hermann Rudolph explica essa aparente contradição da seguinte maneira: "A separação dos seres humanos andróginos em homens e mulheres ocorreu na metade da terceira descendência, ou raça Lemuriana (há dezoito milhões de anos), quando a transformação atingira seu ponto mais baixo e o corpo físico havia chegado à sua estrutura e densidade totais. Isso encerrou o processo de passagem para o plano material".[1]

Em resumo, verificamos que nossas conclusões estão de acordo com o que escreve São Paulo em sua Primeira Epístola aos Coríntios (11:12): "Pois se a mulher foi tirada do homem, o homem nasce da mulher e tudo vem de Deus". Edgar Cayce concorda: "Graças à sua natureza andrógina divina, as primeiras almas foram capazes de criar um *ser companheiro* por um ato de vontade, a partir da cisão de si

---

1. Hermann Rudolph: *Die Ehe und die Geheimlehre.*

próprias".[2] Apenas a criatura descrita no Gênesis 1 existe à total semelhança de Deus. O ser humano descrito no Gênesis 2 é completo apenas quando considerado em conjunto com seu pólo oposto (i.e., o homem se torna completo por meio da mulher e vice-versa).

Agora, discutirei rapidamente as dificuldades para reunir os três primeiros capítulos do Gênesis num contexto onde não fossem contraditórios. Por um lado, eles deveriam ser interpretados, pelo menos em parte, de maneira cronológica e, por outro, quando tentamos interpretá-los dessa forma, eles se mostram muito contraditórios para sustentar tal tarefa. Por exemplo, embora o primeiro capítulo do Gênesis descreva a criação da Terra e seus habitantes (tanto animais quanto o ser humano homem-mulher, ainda obviamente andrógino), não precisamos supor que esta fosse, necessariamente, uma criação material. É possível que o mundo descrito nessa passagem fosse etéreo, um mundo de formas imateriais que posteriormente serviu de modelo para as formas materializadas. Podemos encontrar maior fundamentação para essa hipótese no Gênesis 2:7. Apenas neste ponto, no segundo capítulo do Gênesis, é que um ser humano foi criado a partir do pó da Terra e do primeiro sopro de vida em suas narinas.

É difícil entender a suposição de que a subseqüente separação do ser humano em homem e mulher ocorreu num corpo materializado. A divisão de almas gêmeas é uma cisão que ocorre num corpo etéreo, não num corpo material. As descrições encontradas em inúmeras lendas podem nos levar a acreditar que a divisão ocorreu na matéria, mas essas histórias deveriam ser entendidas num sentido mais amplo, alegórico e místico, relativo a um outro plano do ser. A cronologia descrita na Bíblia sugere que, depois que as almas gêmeas foram divididas para que pudessem fazer companhia uma à outra, e receberam o paraíso como moradia — paraíso que nunca existiu na Terra, mas sim num plano astral — acabaram sendo exiladas neste planeta, como

---

2. W. Howard Church: *The Lives of Edgar Cayce* (Virginia Beach: A. R. A. Press, 1995).

resultado de seu próprio erro. (Discutiremos com maior profundidade este ponto no próximo capítulo.)

Embora a verdadeira trajetória das almas gêmeas no mundo material não seja descrita até o quarto capítulo do Gênesis, o versículo 3:23 diz claramente: "O Senhor Deus o expulsou do jardim do Éden para cultivar o solo *do qual havia sido tirado*". Aparentemente, essa frase contém contradições que não sou capaz de explicar tão bem quanto gostaria. É preciso entender que alguns versículos descrevem fatos no plano astral, que aparentemente contradizem outros que ocorrem no plano material. Certos versículos bíblicos possivelmente descrevem inúmeros planos do ser simultaneamente e, como mencionamos antes, os diversos capítulos da Bíblia não estão dispostos em ordem rigorosamente cronológica. Por exemplo, sabemos que o primeiro capítulo do Gênesis foi escrito no século VI a.C. por um sacerdote judeu e que o segundo capítulo (a partir do versículo 2:4) foi obra de um poeta que viveu em Jerusalém no século IX a.C. Por essa razão, o primeiro capítulo do Gênesis é descrito como uma versão sacerdotal [*priestly* em inglês] da criação (P) e o segundo capítulo como uma versão jeovística da criação (J).

Mas voltemos ao nosso tema principal. Rudolf Passian diz o seguinte sobre as almas gêmeas: "Segundo a doutrina das almas gêmeas, nós, seres humanos, principiamos nossa existência como espíritos. Cada 'Eu' era acompanhado por um 'Tu', e juntos formavam uma unidade que se complementava e onde a energia fluía".[3]

Helena P. Blavatsky descreve a androginia do ser humano original: "Cada povo considerava que seu primeiro Deus (ou deuses) como sendo andrógino; e não poderia ser de outra maneira, uma vez que consideravam seus primeiros ancestrais de duplo sexo como entidades divinas e deuses".[4]

---

3. Rudolf Passian: *Wiedergeburt* (Munique, 1985), p. 198.
4. H. P. Blavatsky: *The Secret Doctrine*, 2 vols. (Wheaton: The Theosophical Publishing House, 1989).

Um mito hebraico conta a história de Tebel — o mais elevado entre os sete estágios de construção da Terra — em cujo topo reinava um estado paradisíaco. Tebel era habitada por seres com cabeças duplas e tinham "quatro ouvidos e quatro olhos, dois narizes e duas bocas, quatro mãos e quatro pernas e apenas um torso. Quando se sentavam, pareciam ser duas pessoas, mas quando caminhavam, pareciam uma só. Quando comiam e bebiam, as cabeças brigavam entre si e se acusavam de haver comido ou bebido mais do que seria sua parte. Apesar disso eram considerados seres honrados".[5]

Essa lenda dos seres humanos de duas cabeças é semelhante àquilo que Platão escreve no *Simposium*, onde ele diz que havia originalmente três sexos: um masculino, um feminino e um masculino-feminino. É claro que isso não corresponde exatamente à verdade, pois homens e mulheres vieram da divisão de um ser masculino-feminino. Nesse trabalho que, à exceção disso, é extremamente informativo, Platão cita o discurso de Aristófanes relativo à existência de três sexos originais, sendo que os sexos masculino-masculino e o feminino-feminino estavam separados da mesma forma — quer dizer, em dois homens ou duas mulheres. Esse é um pressuposto falso, uma vez que todas as almas eram originalmente idênticas. A teoria de Platão é uma tentativa de explicar a origem da homossexualidade, mas deve haver também outras razões por trás dela. Por exemplo, duas almas, que encarnaram em corpos do mesmo sexo, sabem instintivamente que sua outra metade também assumiu o mesmo sexo na atual encarnação. Por outro lado, uma alma que encarnou com o sexo oposto por muitas vidas passadas não consegue identificar-se totalmente com seu sexo atual.

No *Simposium*, Aristófanes diz o seguinte a respeito do sexo masculino-feminino: "Pois naquele tempo o povo era andrógino e, em aparência e denominação, reunia em si tanto o masculino quanto o feminino". Mais adiante lemos: "A aparência do ser humano era a

---

5. Robert von Ranke-Graves e Raphael Patai: *Hebrew Myths* (Nova York: Greenwich House, 1983).

de uma esfera, com as costas e os lados formando um círculo. E cada um tinha quatro braços e pernas em igual número e dois rostos idênticos sobre um pescoço cilíndrico, mas havia uma cabeça para ambos os rostos, sendo que estes eram posicionados em direções opostas — e quatro orelhas e duas genitálias e tudo o mais que se pode imaginar a partir disso".

A saga asteca da criação de Teztcoco fala de uma relação entre homem e mulher, tão próxima quanto a que foi descrita no parágrafo anterior: "Numa manhã, bem cedo, o deus-sol atirou do céu uma flecha. Do orifício produzido por ela saíram um homem e uma mulher... O corpo do homem existia apenas das axilas para cima e, da mesma forma, o da mulher. Para alimentar os filhos o homem empurrava sua língua para dentro da boca da mulher. Moviam-se para a frente apenas saltando, como pegas ou pardais".[6] Uma outra lenda asteca sobre um objeto muito especial formado parte por ossos de homem e parte por ossos de mulher, bem como um mito das ilhas Salomão — segundo o qual a cana-de-açúcar produzia dois brotos dos quais nasciam um homem e uma mulher — indicam as origens comuns e o estreito vínculo entre ambos.

Esse ponto de vista também é corroborado pela mitologia da seita Jaina, na Índia. Eles acreditam na existência de uma era anterior, em que "homem e mulher nasceram juntos, como gêmeos. Cada um deles tinha 64 costelas e duas milhas de altura".[7] Não há muita certeza quanto a isso, mas é provável que seja esse o significado do versículo 8:44 do manuscrito hebreu Adão, no qual está escrito: "Antes de Chavah (i.e., Eva) morrer, e de acordo com os ritos nupciais, seguidos com toda a devoção e respeito, ela deu à luz a trinta pares de gêmeos, cada um deles constituído por um filho e uma filha".[8]

---

6. *Märchen der Azteken und Inka* (Hamburgo: Rowohlt, 1992), p. 16.
7. Heinrich Zimmer: *Myths and Symbols in Indian Arts and Civilization* (Princeton: Princeton University Press, 1992).
8. Robert von Ranke-Graves e Raphael Patai: *Hebrew Myths* (Nova York: Greenwich House, 1983).

Na tradição hinduísta e em certas lendas budistas tântricas encontramos outras evidências da natureza andrógina original de cada ser, embora essa androginia não esteja diretamente relacionada ao plano humano. Por exemplo, o Upanishad Katha diz: "Prajapati era este universo e Vac, sua mulher. Ele juntou-se a ela... ela deu à luz criaturas vivas e então retornou para o interior de Prajapati".[9] Shiva, adorado em toda a Índia (principalmente no sul) e sua esposa Shakti formam "o primeiro desdobrar de Brahma nas polaridades dos princípios masculino e feminino".[10] Ao mesmo tempo, Shiva é dotado de atributos humanos, porque se diz que cada homem é sua réplica terrena assim como cada mulher é a réplica de Shakti.[11]

Alguns leitores podem ter dificuldade para entender o fato de que a humanidade foi originalmente hermafrodita (i.e., duplo sexo), pois, à primeira vista, poderia parecer que não existiam formas andróginas de vida na Terra. Contudo, estudos de biologia mais detalhados revelam que o hermafroditismo ainda é comum entre um grande número de pequenos invertebrados.

E o Senhor Deus disse, "Não é bom que o homem esteja só.
Vou fazer uma auxiliar que lhe corresponda".
(2:18)

Esse versículo é quase uma seqüência do Gênesis 1:27. O ser humano ainda era uma entidade dual, macho-fêmea, mas era solitário e ansiava por companhia. Praticamente todas as grandes religiões do mundo concordam quanto a esse ponto, com exceção do budismo, que no entanto não o contradiz, simplesmente porque ignora essa questão. O mesmo processo de divisão primária pode ser encontrado

---

9. H. P. Blavatsky: *The Secret Doctrine*, 2 vols. (Wheaton: The Theosophical Publishing House, 1989).
10. Heinrich Zimmer: *Myths and Symbols in Indian Arts and Civilization* (Princeton: Princeton University Press, 1992).
11. *Ibid.*, p. 156.

em muitos mitos, nos diálogos de Platão e nos escritos de Edgar Cayce. As opiniões diferem, contudo, quanto ao ser andrógino ter sido dividido por Deus (conforme a Bíblia, o Corão e Platão ensinam) ou ter se dividido (conforme relatado nas tradições orientais e por Edgar Cayce). Independentemente de quem foi o autor desta cisão, permanece o fato de que a Bíblia, fontes hinduístas e Edgar Cayce concordam que a solidão foi o motivo da divisão daquele ser hermafrodita original. Por outro lado, algumas tradições consideram a divisão da primeira entidade dual como uma punição. Esta é a opinião expressa, por exemplo, no *Simposium,* de Platão e em alguns textos gnósticos.

Analisando esses casos, somos levados a perguntar se várias destas tradições são contraditórias ou se um estudo mais detalhado poderia revelar que as contradições aparentes podem ser conciliadas ou interpretadas de modo a se tornarem complementares. No que diz respeito à causa dessa divisão binária, sabemos que Deus criou a humanidade (ou que as almas emanaram de Deus). E, uma vez que essas almas trazem em si todos os atributos de Deus (embora hoje em dia apenas intuitiva e inconscientemente), elas são vistas como corporificações da imagem divina. Assim sendo, a tradição que sustenta que a separação entre homem e mulher foi criada por Deus e aquela que defende que isso ocorreu por autodivisão não se contradizem. Nem tampouco são necessariamente contraditórias as razões para essa cisão, pois a divisão de uma entidade andrógina em dois seres de sexos opostos poderia ter sido motivada pela solidão daquele hermafrodita primordial e por seu desejo de companhia. Dentro dessa linha de raciocínio, a separação, como castigo, não precisa estar associada à criação de dois seres de sexos opostos, mas pode ser relacionada à subseqüente separação *espacial* daquelas criaturas. Essa posterior cisão de almas companheiras, às quais nos referimos como "almas gêmeas", é a pena infligida a elas por haverem incorrido em erro. É por essa razão que elas não podem voltar a se encontrar por muitas encarnações.

De acordo com os filósofos gnósticos, "a existência da mulher é uma lembrança permanente da divisão primária... A divisão é encarada como a destruição de um mundo perfeito, mas a gnose nos oferece a possibilidade de superar essa cisão e restabelecer a unidade paradisíaca: Eva pode novamente integrar-se a Adão".[12]

No Zohar encontramos a seguinte descrição da divisão do primeiro ser humano em homem e mulher. Rabbi Acha começa com o seguinte relato do Primeiro Livro de Moisés: "E Iahewh Elohim (Jeová ou Deus, o Senhor) disse, 'Não é bom que o homem esteja só'". Por que Ele começa com essas palavras? Dizem-nos que a razão para isso é a mesma pela qual Deus não encerrou seu segundo dia de trabalho com as palavras 'E Deus viu que era bom', porque foi nesse dia que o ser humano se sentiu solitário pela primeira vez. Mas, esse primeiro ser humano estava realmente solitário? Afinal de contas, diz-se que 'homem e mulher Ele os criou'. E nós aprendemos que o ser humano foi criado com duas faces e Deus disse que 'não é bom para o homem ficar sozinho'. Mas aquele humano primordial ignorava a parte feminina e não contava com ela, pois apenas o lado masculino estava formado e, visto por trás, parecia ser um só — conseqüentemente, o humano original se sentia solitário. 'Vou fazer uma auxiliar que lhe corresponda' (Gênesis 2:18). Isso significa uma ajuda que pudesse olhá-lo nos olhos e auxiliá-lo, colocando-se frente a frente com ele. O que fez o Ser Sagrado? Com uma serra ele cortou o ser primário ao meio e daí tirou a porção feminina. Está escrito: 'tomou uma de suas costelas'. (Gênesis 2:21). O que significa 'uma' aqui? Significa o lado feminino, com mesmo sentido que as palavras 'uma só é minha pomba sem defeito' (Cântico dos Cânticos, 6:9) 'e a levou ao homem' (Gênesis 2:22). Ele enfeitou-a como a uma noiva e levou-a até diante de seu rosto luminoso: face a face".[13]

Esse relato é claramente alegórico e não deve ser entendido literalmente. Isso se torna bastante óbvio quando percebemos que Deus certamente não usou uma serra para separar a parte feminina da mas-

---

12. John A. Phillips: *Eve, The History of an Idea* (San Francisco: Harper & Row, 1984).
13. *Der Sohar — das heilige Buch der Kabbala* (Munique: Diederichs, 1993), p. 14.

culina. Mas, se o lermos e interpretarmos corretamente, esse texto pode esclarecer alguns grandes mistérios.

Neste momento poderíamos perguntar: antes de mais nada, como a divisão dos sexos deve ser entendida? Se homem e mulher são realmente dois pólos do mesmo indivíduo primordial, metades do hermafrodita original que posteriormente dividiu-se, seria o caso de considerarmos, literalmente, que foram "feitos um para o outro", para se fazerem companhia? Mas, uma vez que se transformaram em duas entidades, já deveriam existir dois seres — ou, pelo menos haver a capacidade latente para vir a ser dois — antes de sua divisão. (Veja o Capítulo 7, onde descrevo a união de corpos astrais, a qual serve como modelo máximo de união sexual entre dois amantes, encarnados em corpos materiais.) Por outro lado, se já eram dois seres distintos — que podiam fundir-se a qualquer momento ou separar-se para tornar-se novamente dois — então, obviamente ainda não tinham consciência da divisão binária narrada no Gênesis 2:21ss. Cada um deles vivenciava a si próprio como sozinho e solitário, porque nenhum dos dois podia reconhecer a existência do outro.

Essa hipótese é ainda corroborada por várias lendas (ex. o *Simposium*, de Platão) segundo as quais as metades do hermafrodita original foram reunidas *costas com costas*. Essa formulação alegórica transmite a idéia de que ambas as partes estavam presentes, mas ainda não tinham noção da existência uma da outra. Isso explica por que se sentiam tão solitárias e desamparadas. A subseqüente apresentação de uma à outra *face a face* significa que, no instante do encontro, elas se defrontaram, tomaram consciência de suas respectivas existências e perceberam que eram metades do mesmo ser. (O Gênesis expressa esta percepção por meio das palavras de Adão: "Esta é agora... carne da minha carne".) A partir desse momento elas se ajudam e se amparam ("Vou fazer uma auxiliar que lhe corresponda"). A criação da mulher, tal como descrita aqui, não é realmente uma divisão do hermafrodita original, mas o reconhecimento consciente da parte feminina.

Antes de tornar-se consciente de seu lado feminino (Gênesis 2:23), o ser humano original se encontrava profundamente adormecido

(Gênesis 2:21), quer dizer, desconhecia o fato de que já havia um companheiro presente, embora ainda não percebido. O Upanishad Brihadaranyaka, por exemplo, diz que um ser iluminado pode perceber a si próprio como diluído no universo, ao passo que nós apenas nos vemos e conhecemos uns aos outros na dualidade. Esse versículo termina com duas questões que estão relacionadas: Quem é visto por quem? E quem deve reconhecer quem? Uma vez que o Upanishad Brihadaranyaka descreve uma situação agradável, que claramente se refere ao nirvana (o estágio final das almas e o estado em que se encontram no princípio), ele naturalmente dá sustentação à nossa tese. Entretanto, levanta também duas questões que não serão respondidas aqui: por que a solidão e o desconhecimento do outro — associado a esta solidão — são vistos como estados desejáveis do ser? E se essa descrição for tomada literalmente, o reconhecimento da existência da mulher seria um desenvolvimento negativo, uma vez que toda a dualidade começou com esse reconhecimento?

Em resumo, podemos concluir que a divisão binária, tal como descrita no segundo capítulo do Gênesis, tornou o homem consciente de uma outra metade sua que já existia e de que, em última análise, as duas partes reconheceram uma à outra. Como já mencionamos rapidamente (e discutiremos depois com mais detalhes), o processo pode também ocorrer na direção inversa. Em outras palavras, almas gêmeas podem — e devem — encontrar seu caminho de volta à sua unidade essencial, originária. Contudo, nessa reunião elas se mantém como duas entidades, uma vez que nenhuma delas foi perdida ou negada. Essa unificação não envolve a perda de identidade, seja no caso da fusão das almas gêmeas ou no caso da união de cada alma com todas as outras almas redimidas e com a substância última da vida (geralmente chamada de Deus). Conseqüentemente, antes da divisão binária as almas gêmeas devem ter existido como duas entidades distintas que ignoravam a existência uma da outra. Juntas, embora inconscientes uma da outra, cada par formava um ser humano unificado, primordial e completo.

Neste ponto de nossa discussão, é preciso observar que o versículo bíblico mencionado antes declara expressamente, e por certo com sentido alegórico, que um homem ou uma mulher apenas se transforma num ser humano quando reconhece seu pólo oposto. Um homem assume plenamente a masculinidade quando reconhece o feminino em si e o mesmo se dá com a mulher: ela atinge a total feminilidade quando reconhece seu lado masculino.

O Senhor Deus fez cair um torpor sobre o homem, e ele dormiu.
Tomou uma das suas costelas e fez crescer
carne em seu lugar.
(2:21)

Esse versículo, no qual o ser originalmente andrógino transforma-se em duas entidades durante o sono profundo, ou durante um período de profunda inconsciência, significa que ambas já existiam como um único ser. Contudo, em função de sua passagem ao plano material, tiveram de sujeitar-se à polaridade e, assim, foram separadas em dois sexos. Considerando a hipótese apresentada anteriormente, a divisão a que ficam sujeitas, durante esse sono ou inconsciência profundos, tanto significa que ambas (a masculina bem como a feminina) definhavam em profundo sono espiritual até o momento em que *se reconheceram* como almas gêmeas (Gênesis 2:23), quanto pode significar que não eram capazes de se lembrar uma da outra. Todos nós já vivenciamos o fenômeno da *não-lembrança*: por exemplo, frequentemente acordamos de manhã sem que nos lembremos dos sonhos da noite passada (ou viagens astrais). A maior parte de nós também é incapaz de lembrar do tempo anterior ao próprio nascimento (i.e., o tempo que passamos no útero materno, ou em encarnações anteriores). Em muitos casos, aquele que comete um crime, ou mesmo a vítima desse crime, é incapaz de relembrar o evento porque a memória se perdeu ou foi reprimida. Da mesma forma, é muito provável que o ser humano dividido não possa mais recordar-se dessa cisão e do motivo pelo qual ela ocorreu. A identificação posterior ("Esta é agora... carne da minha carne") corresponde à surpreendente intuição que às vezes ilumina nossa vida quando "nos apaixonamos à primeira vista".

O fenômeno do amor à primeira vista envolve, geralmente, o reconhecimento de uma alma a quem muito amamos durante uma encarnação anterior. Sentimentos espontâneos de afeição ou antipatia por pessoas com quem jamais havíamos tido contato nesta vida são igualmente baseados em encontros que ocorreram em vidas passadas. Quando encontramos tais pessoas, imediatamente experimentamos uma agradável sensação de bem estar ou nos sentimos apreensivos e constrangidos. Essas reações não precisam ser necessariamente provocadas pelas pessoas que estão ali presentes, mas podem ser apenas lembranças de outros seres, em função de semelhanças físicas ou de traços de personalidade.

Entre os Quiche, para quem os primeiros humanos eram quatro homens, também encontramos o motivo do sono profundo durante o qual o humano original recebeu uma alma companheira. "Diz-se deles que 'foram feitos' [de preferência a 'nascidos'] porque não tinham mãe nem pai, e são apenas chamados 'humanos'. Nenhuma mulher os pariu, nem foram gerados pelo Criador; foram criados por Ele por meios mágicos... Durante o sono receberam esposas verdadeiramente belas... E imediatamente seus corações se alegraram porque agora tinham companheiras."[14]

Tanto a história dos Quiche quanto os relatos bíblicos de um "sono profundo" podem nos levar a crer que o primeiro ser humano "sonhou" uma companheira. Se deixarmos de lado, por um instante, a possibilidade anteriormente discutida de que Adão simplesmente tomou consciência de sua porção feminina, então podemos interpretar precipitadamente os relatos bíblicos e os dos Quiche como afirmações de que o homem imaginou para si uma mulher. Se isso fosse verdade, a alma gêmea não seria mais que uma "criação da nossa imaginação". Mas, uma vez que a alma companheira foi criada du-

---

14. *Märchen der Azteken und Inka* (Hamburgo: Rowohlt, 1992), p. 128.

rante um sono profundo, ela não pode ser fruto de uma concepção deliberada e consciente e deve ter sido engendrada inconscientemente a partir do intenso desejo de ter uma companheira adequada, de não estar mais só e de ter alguém para colaborar nas tarefas da vida.

Quando o ser holístico se materializou, encarnou num corpo (astral) andrógino. Esse corpo foi criado exclusivamente a partir da energia e não foi concebido num útero físico. Estava só e desejava ardentemente uma companhia adequada, mas esta só poderia ser criada a partir do próprio ser hermafrodita, porque apenas assim seria possível desenvolver uma relação genuína. Esse desejo de companhia tornou-se tão intenso que, com a ajuda de Deus e em virtude de sua própria força espiritual, ele assumiu uma forma material. O primeiro ser, ao qual geralmente nos referimos como "homem" (embora em meu entender fosse mais apropriado falar de metades intimamente ligadas), adormeceu. Quando ele acordou (estamos seguindo a história tradicional e usando pronomes masculinos, embora fosse igualmente correto descrever o processo com pronomes femininos), viu uma bela mulher (ou ela viu um homem bonito) deitada ao seu lado. Essa companheira surgira do hermafrodita original, seja como materialização de seu intenso desejo espiritual ou como autodivisão e reconhecimento de uma outra metade, anteriormente não percebida. Não devemos pressupor, erroneamente, que esse processo envolveu apenas a criação de um corpo físico a partir de um outro. Isso seria muito semelhante ao nascimento de um bebê, o qual deveria ser considerado como uma intumescência espiritual de sua mãe, mas que tem todo o direito a ser reconhecido como uma pessoa independente com sua própria biografia e seu próprio karma, baseado em sua existência anterior. A relação entre almas gêmeas, mais do que isso, deriva do fato de que ambas surgem de uma única entidade espiritual.

Depois, da costela que tirara do homem, Iahweh Deus modelou uma mulher e a trouxe ao homem.
(2:22)

A Bíblia deixa bastante claro que a substância para a criação da mulher foi tirada do homem (ou, melhor dizendo, do ser holístico) e não de qualquer outro lugar. Homem e mulher são portanto dependentes um do outro. São metades de um todo — metades da mesma pessoa — que se complementam mutuamente e de modo ideal. A criação de Eva a partir da costela de Adão, ou de seu flanco, sugere que não estamos diante da criação de algo totalmente novo, mas estamos testemunhando a cisão de um ser que já existia, a fim de que mulher (e homem) possam passar a ter existência independente.

De acordo com Lutero, a palavra hebraica *zela* pode ser traduzida tanto por "costela" como por "flanco". Quando consideramos que homem e mulher surgiram do ser humano originalmente andrógino, "flanco" parece ser uma tradução mais adequada. Helena P. Blavatsky concorda com essa interpretação: "Eva não foi concebida, ela saiu de Adão de forma bastante parecida à da ameba A quando se parte ao meio para originar a ameba B — pela divisão".[15]

Depois que a mulher foi criada a partir da costela de Adão — ou, para sermos mais precisos — depois que ela foi tirada de seu flanco — ela é mostrada a ele. Mas ela não é retirada de um lugar qualquer, externo, escolhido arbitrariamente: ela é feita das próprias partes que o compõem. Assim, podemos ver que duas pessoas que Deus criou uma para a outra surgem de um único ser essencial — a menos que o karma determine de outro modo, o que pode ser o caso em muitas encarnações. Do mesmo modo, todas as entidades andróginas surgem de um grande ser — isto é, de Deus.

Uma outra "versão da costela" pode ser encontrada na mitologia dos índios Cheyennes. De acordo com uma de suas lendas, o homem foi feito de uma costela tirada do Ser Supremo e, depois, a mulher foi feita de uma costela do homem.[16] Ao analisar esse mito, cuja segunda parte é idêntica à descrição que a Bíblia faz da criação da mulher,

---

15. H. P. Blavatsky: *The Secret Doctrine*, 2 vols. (Wheaton: The Theosophical Publishing House, 1989).
16. Khoury/Girschek: *So Machte Gott die Welt* (Freiburg, 1985), p. 74.

devemos evitar cair na armadilha da interpretação popular, falsa, e concluir que, se a mulher foi tirada do homem, este é mais velho e, portanto, tem maior importância. A verdade é que a versão bíblica da lenda conta a divisão de um ser originalmente andrógino em partes masculina e feminina, ou então, descreve um processo por meio do qual metades pertencentes ao mesmo indivíduo tornaram-se cada uma conscientes de sua própria existência e da do outro. Esse ponto de vista é corroborado pelas afirmações a seguir.

São Paulo, que interpreta a fábula da criação da mulher a partir da costela de Adão, incorre em erro quando escreve em sua Primeira Epístola aos Coríntios: "Pois o homem não foi tirado da mulher, mas a mulher, do homem. E o homem não foi criado para a mulher, mas a mulher para o homem" (Primeira Epístola aos Coríntios 11:8-9). Mais tarde ele se corrige e diz: "Por conseguinte, a mulher é inseparável do homem e o homem da mulher, diante do Senhor. Pois, se a mulher foi tirada do homem, o homem nasce da mulher, e tudo vem de Deus" (Primeira Epístola aos Coríntios 11:11-12).

Para Wilhelm Kienzler, "a versão hebraica oficial não menciona uma costela tirada de Adão, mas diz que Deus tirou a mulher 'do flanco de Adão'. Em outras palavras, Deus dividiu o Adão andrógino em duas entidades distintas, homem e mulher".[17] Como já explicamos em nosso comentário sobre o Gênesis 2:22, a palavra hebraica *zela* pode ser traduzida por "costela" ou por "flanco". A idéia que o autor desta passagem bíblica está tentando transmitir pode ser melhor compreendida quando tomamos a palavra *zela* no sentido de "flanco". Por esse exemplo é fácil perceber como a tradução malfeita de um texto pode distorcer seu sentido original.

O ponto de vista adotado no *Simposium*, de Platão, é o mesmo que encontramos em um mito hebraico, que diz o seguinte: "Adão foi originalmente criado como hermafrodita, com um corpo masculino e feminino, ambos ligados pelas costas. Dessa forma, o deslocamento e a comunicação eram difíceis e por isso Deus separou o hermafrodita

---

17. Wilhelm Kienzler: *Die Schöpfung* (Engelberg, Suíça e Munique, 1977), p. 19.

em duas partes e deu a cada uma suas próprias costas".[18] O Zohar também dá atenção a esse tema: "O feminino é inseparável do masculino e, assim, é chamado 'minha pomba, minha perfeita'. Mas essa expressão deveria ser entendida como 'minha gêmea', em lugar de 'minha perfeita'... Quando os dois se unem um ao outro, face a face, realmente parecem ser um só corpo. Conseqüentemente, o homem sozinho parece com uma simples metade... e, da mesma forma, a mulher; apenas quando se ligam formam uma unidade".[19] Essa passagem é especialmente significativa porque usa a expressão "minha gêmea", uma escolha de palavras que confirma claramente a doutrina das almas gêmeas.

No Upanishad Brihadaranyaka, encontramos o seguinte trecho que descreve a separação tanto no macrocosmo (a gênese do mundo material), quanto no microcosmo (pela qual o humano originalmente andrógino se cinde em masculino e feminino): "No princípio havia apenas o Ser [i.e., o Ser original, inteiramente só]. Era como um humano [i.e., uma indicação da igualdade fundamental entre o humano 'pequeno' ou microcósmico e o 'grande' ou macrocósmico, bem como uma indicação de que a humanidade foi, de fato, criada à imagem de Deus]. Olhou ao redor e não viu coisa alguma a não ser a si próprio". Essa passagem repete o que está escrito no comentário de Leo Schaya, que diz que quando consideramos o "Ser sem um segundo", toda a criação adquire a falsa aparência de um "segundo". De acordo com Schaya, "a criação é esse 'outro' ilusório, que nada mais é do que o 'Ser sem um outro'. A ilusão do 'outro' surge quando o Ser se torna objeto de si mesmo, isto é, torna-se um outro".[20] O Upanishad continua: "Ele não sentiu nenhuma alegria [neste contexto devemos nos lembrar de estado de infelicidade semelhante, descrito no Gênesis 2:18]. Desejou uma segunda pessoa. Era grande como um homem e

---

18. Robert von Ranke-Graves e Raphael Patai: *Hebrew Myths* (Nova York: Greenwich House, 1983).
19. *Der Sohar — das heilige Buch der Kabbala* (Munique: Diederichs, 1993), p. 140.
20. Leo Schaya: *Universal Meaning of the Kabbalah* (Londres: Allen & Unwin, 1971).

uma mulher se abraçando. Deixou-se dividir em duas partes e assim surgiram marido e mulher. *E por esse motivo,* disse Yajnavalkya, *cada um de nós aqui é apenas uma metade*".[21]

O Corão também se refere à divisão do ser primário em homem e mulher: "Além disso, Deus vos criou do pó — portanto, dos germes da vida — e depois vos transformou em seres de dois sexos diferentes" (Sura 35:12). "Ele vos criou todos de um só homem, a partir de quem, depois, criou para vossa esposa." (Sura 39:7)

> *Então o homem exclamou: Esta sim, é o osso*
> *de meus ossos e carne de minha carne!*
> *Ela será chamada Mulher (Woman)*
> *pois foi tirada do Homem (Man)*
> *(2:23)*

Em inglês é fácil verificar que as palavras "*woman*" e "*female*" vieram de seus correlatos masculinos: "*wo-man*" e "*fe-male*". Esse jogo de palavras bíblico, tão evidente em inglês, é difícil de expressar em alemão, embora a palavra *Männin* utilizada por Lutero seja uma tentativa de enfatizar a intimidade da relação de Adão e Eva. De acordo com a tradução alemã da Bíblia, feita por Lutero, Eva é chamada *Männin*, uma palavra cunhada pela inflexão da vogal e pela junção de um sufixo feminino a *Mann*, a palavra alemã para "homem". Outras traduções alemãs descrevem Eva simplesmente como uma *Frau*, a palavra alemã para "mulher".

Assim como as pessoas têm consciência de suas próprias idéias, Adão e Eva devem ter reconhecido imediatamente o produto de seus próprios pensamentos — ou, devido à semelhança essencial entre eles, devem ter se reconhecido como sua outra metade. Quando Adão acordou de seu sono induzido por Deus, reconheceu a mulher deitada ao seu lado. Ela era, sem sombra de dúvida, a mais bela criatura que ele jamais vira e ele soube instantaneamente que ela era sua alma

---

21. *Upanischaden — Die Geheimlehre der Inder* (Munique: Diederichs, 1990), p. 53.

gêmea e que ambos, embora separados, haviam sido feitos um para o outro e seriam felizes juntos. Sua afinidade intrínseca é enfatizada pela semelhança entre os nomes pelos quais foram chamados (em inglês "*woman*" e "*man*") e pelo fato que, em muitos mitos, o primeiro casal humano tem nomes semelhantes a esses. Penso que é interessante incluir aqui um breve comentário.

Em primeiro lugar, devemos ter em mente que Adão e Eva — geralmente considerados em nossa cultura como os primeiros seres humanos — são, na verdade, palavras usadas como sinônimos do primeiro casal ou dos primeiros humanos. Em hebraico, a palavra *Adão* significa apenas "o ser humano" e *Eva* pode ser traduzida como "a vida". A Cabala faz referência a Hadar e sua esposa, seres que teriam aparecido antes de Adão e Eva, e que eram entidades que viveram aqui na Terra, unificados em espírito e matéria, sob uma forma harmoniosa mas não final. Se Adão e Eva fossem realmente os primeiros seres humanos — como os comentaristas populares da Bíblia nos levam a acreditar — Caim jamais teria encontrado sua esposa na terra de Nod, a leste do Éden (Gênesis 4:16-17). Sua presença lá prova que anteriormente devem ter existido outros seres humanos e não apenas dois deles. Em textos escritos posteriormente, encontraremos maiores evidências desse fato. Na linguagem de muitos povos tribais o primeiro homem e a primeira mulher, bem como as partes masculina e feminina do par original, têm nomes semelhantes. Segundo algumas tradições, eles têm também aparência idêntica. Por exemplo, na Pérsia são chamados Meschia e Meschiane e têm a mesma aparência; os Cerameses os chamam Tuwalamai e Tuwalesi; os Wa referem-se a eles como Yatawm e Yatai e para os japoneses eles são Izanami e Izanagi.

Não poderia ter existido apenas um casal original porque seria impossível que eles tivessem sido os ancestrais de todas as raças encontradas hoje na Terra. Os assim chamados "primeiros habitantes" devem ter existido em vários lugares, e sucessivas gerações se reproduziram aí fisicamente. Essa hipótese pode ser corroborada ainda pelo fato de que a palavra suméria para "grupo de pessoas" é *á-dam*.

A primeira experiência do homem após o sono induzido por Deus, durante o qual o ser humano original foi dividido em entidades de sexos diferentes, pode ter sido algo como: Ao abrir os olhos, deparou com uma linda mulher deitada ao seu lado. Reconheceu-a imediatamente como uma parte de si próprio e, em profundo êxtase, exclamou "Mas você sou eu!" "Sim, eu sou" ela respondeu sem hesitar, concordando com ele com um sorriso amável, que só aumentou sua alegria. "Sou uma parte inseparável de você", ela teria continuado, "porque fui tirada de você". Enquanto o homem permanecia quieto, surpreso, tentando compreender o que acontecera durante o tempo em que estivera adormecido, ela teria continuado: "Sou fruto do seu espírito, assim como você é fruto do Grande Espírito. Você não sonhou comigo a noite passada?" "Sim, sim!" ele teria se lembrado subitamente. Ele havia mesmo sonhado com um ser maravilhoso, que jazia ao seu lado.

Assim, o primeiro homem criou para si uma alma gêmea tirada de seu próprio espírito. Seu anseio por ela era tão forte que seu desejo manifestou-se dessa maneira. Um sentimento de alegria como jamais existira antes brotou nele, tomando conta de seu corpo e de sua alma.

Hans W. Wolff assim descreve o processo: "A maneira ímpar pela qual uma mulher tem lugar ao lado de um homem é realçada pelo fato que ela não veio do pó, mas foi criada da própria costela do homem, a qual Jeová transformou numa mulher. O homem, que Deus fez adormecer profundamente, não foi testemunha da criação da mulher. Ele se regozija quando vê a obra completa e a reconhece [a mulher] como alguém com quem tem profunda afinidade".[22]

A reação extasiada de Adão, descrita acima, encontra paralelo no mito japonês de Izanami e Izanagi, os primeiros ancestrais exclusivamente humanos. Os dois se separam para circundar, em direções opostas, o glorioso pilar celeste (o centro, ou a coluna que liga o céu à Terra) e depois se encontram do outro lado. Nesse momento Izanami

---

22. Hans W. Wolff: *Anthropology of the Old Testament* (Fortress Press, 1974).

exclama: "Oh, que belo homem!" e Izanagi brada: "Oh, que bela mulher!"[23]

A partir daquele momento Adão tinha a companhia que lhe era a mais adequada, pois as almas de Adão e Eva ressoam com a mesma harmonia fundamental. Em Eva, ele finalmente encontrou a parceira por quem sempre havia ansiado. Ele se uniu a ela, assim como ela a ele, e ambos desfrutaram a plena felicidade. Quando ele não a via sentia imediatamente sua falta e tornava-se dolorosamente consciente de quão pequeno e incompleto era sem ela. E Eva sentia o mesmo em relação a Adão. Nenhum dos dois tolerava a idéia de que um dia poderiam ser separados. Sentiam muito medo, mas não havia causa real para isso porque Deus os fizera um para o outro, a partir de um mesmo ser, para que permanecessem juntos. A razão de sua separação e de seu afastamento de Deus está em sua própria desobediência.

O Corão concorda com esta visão e a aplica à humanidade como um todo: "Os homens pertenciam a uma única religião; depois entraram em desacordo" (Sura 10:20).

Um espelho, ou seu reflexo, é freqüentemente utilizado como símbolo da intimidade do vínculo entre as almas gêmeas. Embora a divisão em dois corpos distintos faça com que pareçam dois seres, as almas gêmeas são de fato uma única entidade espiritual. Isso pode ser confirmado pelas palavras de Ramala: "O casamento pode ser comparado a um espelho que continuamente confronta ambos os parceiros com a essência da energia criativa que têm diante de si".[24] Segundo Barry e Joyce Vissell "quanto mais um casal se ama, tanto mais perfeitamente servem de espelho um para o outro".[25]

Em nossa cultura, Narciso é o exemplo mais conhecido de paixão pelo reflexo de sua própria imagem. Narciso era o filho do rio beócio Céfeso e da ninfa Leiríope. "Quando Narciso era menino, sua mãe

---

23. Paul Hübner: *Von Ersten Menschen wird erzählt* (Düsseldorf e Viena, 1969), p. 159.
24. Ramala: *Die Weisheit von Ramala* (Munique, 1988), p. 329.
25. Joyce e Barry Vissell: *The Shared Heart: Relationship Initiations and Celebrations* (Aptos: Ramira Publications, 1984).

perguntou ao vidente Tirésias se seu filho teria vida longa e ele respondeu: 'Sim, se ele jamais conhecer a si próprio'. Era uma resposta misteriosa, que ninguém conseguiu decifrar. Na juventude, Narciso era tão belo que muitos, homens e mulheres, se apaixonaram por ele, mas a todos ele rejeitou. Um desses admiradores pediu ajuda a Nemesis, que condenou Narciso a definhar de amor por seu belo rosto, refletido nas águas de um lago no monte Helicon. Quanto mais Narciso olhava a própria imagem, mais se encantava com ela. Essa paixão por si próprio não tinha fim e dia após dia ele permanecia à beira do lago até que definhou e morreu."[26]

A lenda indiana que vamos contar a seguir reúne o mito de Narciso e o relato da solidão dos primeiros humanos. Depois que seu protagonista vagou sozinho pelo mundo, "viu-se refletido num espelho d'água e exclamou 'Esta é a mais bela criatura entre todas'. Incessantemente procurou a linda visão pelo mundo afora, sem saber que procurava a si mesmo. Quando o Criador viu o que acontecia, disse para Si mesmo: 'Ai de mim, esta é uma dificuldade que não previ.... preciso acabar com esta aflição... é necessário um terceiro ser'. Então ele reuniu todos os reflexos que havia na superfície da água e deles fez a mulher".[27] Uma vez que os reflexos são os do primeiro homem, a mulher dessa lenda também é criada — pelo menos indiretamente — a partir daquele homem. Portanto, essa lenda nos traz ainda mais evidências de que a doutrina das almas gêmeas está correta.

Goethe, em sua versão da lenda de Fausto, também descreve a visão de um amante no espelho. O verso 3332ss sugere que essa aparição envolve uma alma gêmea, principalmente quando Goethe faz com que Fausto diga: "Estou próximo dela e, não importa quão longe esteja, jamais a esquecerei, jamais a perderei".

Devemos observar que, de acordo com a doutrina das almas duais, existe um vínculo entre elas que jamais será quebrado mesmo que durante certo tempo estejam distantes uma da outra.

---

26. *Lexikon der antiken Mythen und Gestalten* (Munique: dtv, setembro de 1987).
27. Swedenborg/Gollwitzer: *Der Mensch als Mann und Weib* (Zurique, 1973), p. 59.

> *Por isso um homem deixa seu pai e sua mãe,*
> *se une à sua mulher, e eles se tornarão uma só carne.*
> *(2:24)*

Esse trecho, que declara que o homem deve unir-se à sua mulher, é particularmente significativo. Esse homem não está apenas procurando um cônjuge adequado ou uma mulher qualquer, mas está se ligando à sua esposa e fica claro que a Bíblia pretende que essa esposa não seja outra que não sua alma gêmea. A afirmação de que homem e mulher "serão uma só carne" refere-se à união física entre ambos e também indica a vida em comum, que partilham pelo casamento. O sentido original das expressões "relação sexual" e "laços de matrimônio" era que marido e mulher pertencem total, completamente um ao outro. Assim, o casamento e a relação sexual deveriam ocorrer apenas entre os dois elementos dessa díade anímica. É claro que esse amor profundo tornou-se a exceção mais do que a regra nos tempos atuais. Mas isso é uma outra história.

Rudolf Passian cita Elisabeth Schramm-Schober, com relação a esse assunto: "Infelizmente o conhecimento sobre almas gêmeas ficou totalmente perdido para o grande público e hoje em dia as pessoas se destroem e se aturdem, passando pelas mesmas velhas experiências com parceiros diferentes em vez de tentar viver, tudo de uma outra forma, com o mesmo companheiro".[28]

O Gênesis 2:24 (citado acima) profetiza que, em algum momento, depois que assumirem corpos físicos pela gestação no útero materno e pelo nascimento, as almas gêmeas deixarão seus pais e se unirão, do mesmo modo que seus pais se uniram um dia e tal como elas próprias já estiveram ligadas antes da divisão do hermafrodita original. Esse último estado refere-se às entidades espirituais, que não nasceram de mães materiais, mas emanaram da substância divina. Seria um erro interpretar as palavras "pai" e "mãe" como relativas à substância divina, a qual o homem deve abandonar quando se une à sua

---

28. Rudolf Passian: *Wiedergeburt* (Munique, 1985), p. 129.

mulher. Tal abandono significaria o afastamento de Deus, tornando o casamento pecaminoso e, se assim fosse, sem dúvida ele faria parte da descrição da perda da graça, tal como descrita no Gênesis 3.

Paulo faz alusão ao Gênesis 2:24 quando diz, em sua Epístola aos Efésios (veja Efésios 5:31): "Maridos, amai vossas mulheres, como Cristo amou a Igreja" (Efésios 5:25) e "Ninguém jamais quis mal à sua própria carne, antes, alimenta-a e dela cuida como também Cristo faz com a Igreja" (Efésios 5:29). Além disso, o versículo: "Assim também os maridos devem amar as suas próprias mulheres, como a seus próprios corpos. Quem ama a sua mulher ama-se a si mesmo" (Efésios 5:28) revela paralelos óbvios com as histórias sobre espelhos descritas em nosso comentário sobre o Gênesis 2:23.

O Corão traz também inúmeras passagens que apontam para a íntima ligação entre marido e mulher e determina as regras de relacionamento: "Ele é o que vos criou a partir de um único ser e daí fez nascer a mulher com quem pudésseis viver" (Sura 7:190). "E um dos sinais dados por Ele é que criou mulheres de sua própria espécie, com quem podeis morar, e colocou amor e ternura entre ambos. Esses são verdadeiros sinais para aqueles que meditam." (Sura 30:22)

O verdadeiro e profundo significado do Gênesis 2:24 está expresso de maneira eloqüente no *Simposium*, de Platão. Depois que Zeus dividiu o hermafrodita original em duas partes, como punição por sua desmedida ousadia, "ambos — ansiando por sua própria metade — se encontraram e, enlaçando-se no desejo de permanecerem juntos, começaram a definhar de fome e inatividade, porque nada queriam fazer sem a companhia do outro... Zeus compadeceu-se deles e deu-lhes outros recursos. Colocou seus genitais na parte da frente do corpo, porque até então eles haviam estado na parte de trás [Certamente isso é uma descrição figurada da junção pelas costas entre as partes masculina e feminina do hermafrodita original], e eles geraram e deram à luz, não nos corpos um do outro, mas sobre a terra, como cigarras. Foi por isso que Ele transferiu seus genitais para a parte anterior de seus corpos, para que assim pudessem gerar um no outro...de modo que ao se enlaçarem, se o homem encontrar a mulher, pudessem gerar e dar continuidade à espécie. [Essa afirmação pode ser comparada ao Gênesis 3:16, onde, após a perda da graça, Deus fala a Eva e diz: 'Multiplicarei as dores de tuas gravidezes, na dor darás à luz filhos'.] E é assim que, desde o princípio dos tempos, os humanos trazem em si o amor um pelo outro — Eros, o unificador original de sua natureza primordial, que tenta fazer de dois seres um só e restaurar a natureza humana. É comum entre nós, quando alguém vai embora, dividir um símbolo em duas partes para que cada um fique com uma delas e no futuro, ao nos reencontrarmos, possamos nos identificar por meio delas. Cada um de nós, portanto, é um símbolo de um ser humano, porque fomos cortados como filés de linguado, dois saindo de um; e assim, cada um de nós está sempre à procura da outra parte do símbolo". Aristófanes resume esse ponto de vista nos seguintes comentários finais: "Esta era nossa antiga natureza e éramos um todo. Amor é o nome do desejo e da procura do todo. E antes disso, como eu digo, éramos um: mas agora, por obra de nossa injustiça nos apartamos de Deus". Discutiremos melhor os significados mais profundos de Eros (i.e., a relação sexual) nos Capítulos 5 e 7.

Helena P. Blavatsky diz o seguinte, com relação à mudança no modo de procriação: "isso não ocorreu de repente, como alguns podem pensar, mas foi necessário um longo período antes que se tornasse a única forma 'natural'".[29] De acordo com o Vayu Purana, citado por ela, "o nascimento deu-se primeiro a partir de um núcleo, depois da névoa, depois da vegetação, depois dos poros da pele e então, finalmente, do útero".[30] Blavatsky conclui: "Todas as criaturas vivas, todos os seres sobre a Terra, incluindo os seres humanos, vieram de uma forma básica comum. O ser humano físico deve ter se desenvolvido passando pelos mesmos estágios de evolução que os outros animais. Ele deve ter se dividido; depois, como hermafrodita, deve ter procriado por meio da partenogênese [conforme o princípio da con-

---

29. H. P. Blavatsky: *The Secret Doctrine*, 2 vols. (Wheaton: The Theosophical Publishing House, 1989).
30. *Ibid.*, p. 193.

cepção imaculada]. O estágio seguinte foi a fase ovípara *primeiro sem um elemento fertilizador* e, mais tarde, *com o auxílio de uma semente*. Só ao final da evolução é que os dois sexos puderam passar a existir, à medida que a procriação pela união sexual tornou-se uma lei universal".[31]

Hermann Rudolph refere-se a esse tema: "Diz-se que houve um tempo na Terra em que os seres humanos não estavam separados em homens e mulheres e, em conseqüência da estrutura etérea de seus corpos, podiam reproduzir-se interiormente, gerando novas formas, nas quais continuavam a viver... Para os humanos, a gravidez física constitui decadência que equivale à perda da graça".[32]

A análise da mudança do tipo de procriação nos afastou um pouco do verdadeiro sentido das palavras do Gênesis 2:24 e agora devemos voltar nossa atenção para Swedenborg, que assim descreve o sentido mais profundo do casamento: "Casamento é a forma pela qual homem e mulher não apenas se fundem, mas também se transformam *numa só carne*, idéia que poderíamos expressar melhor usando as palavras *numa nova criatura* ou *numa nova pessoa*".[33]

Não tecerei mais comentários sobre o Gênesis 2:24 aqui, pois discutirei esse versículo em profundidade nos Capítulos 5 e 7.

Ora, os dois estavam nus, o homem e sua mulher,
E não se envergonhavam.
(2:25)

Num primeiro momento, as almas gêmeas perceberam que pertenciam uma à outra. Entretanto, mesmo parecendo ser de sexos diferentes, não estavam ainda (i.e., antes de caírem em desgraça) sujeitas às paixões carnais. Não tinham consciência de sua nudez, pois ainda eram espíritos puros e habitavam corpos etéreos e assim, não

---

31. H. P. Blavatsky: *The Secret Doctrine*, 2 vols. (Wheaton: The Theosophical Publishing House, 1989), p. 697.
32. Hermann Rudolph: *Die Ehe und die Geheimlehre*.
33. Swedenborg/Gollwitzer: *Die Mensch als Mann und Weib* (Zurique, 1973), p. 104.

percebiam a diferença entre os sexos. O mito persa de Meschia (o homem original) e Meschiane (a mulher original) confirma o que digo, pois ambos estavam intimamente ligados e eram idênticos na aparência. Na história da criação segundo o povo Kaiva Kamu, narrada no Capítulo 1, o primeiro casal também não era nem masculino nem feminino uma vez que não possuía órgãos sexuais. Foi apenas mais tarde que Kerema Apo tornou-se homem e Ivi Apo tornou-se mulher. O versículo 2:25 indica que no princípio as almas gêmeas viviam em perfeita união e não haviam perdido a inocência. Apenas depois de caírem em desgraça tomaram consciência de sua nudez e sentiram vergonha. Isso provavelmente significa que, naquele momento, ainda não conheciam o relacionamento sexual. Seu afeto se manifestava na forma de uma troca espiritual, um desabrochar de uma alma na outra. Essa ligação tão íntima pode ser compreendida como precursora da relação sexual terrena que surgiu posteriormente. Era uma união totalmente sem luxúria e caracterizada pelo amor mais puro e total entrega de um ser ao outro, o que explica por que não havia razão para vergonha. Antes de cair em desgraça, não tinham a noção de "trair" o parceiro (i.e., unir-se intimamente a uma das partes de uma outra díade).

Edgar Cayce concorda com esse ponto de vista: "A separação dos sexos havia começado, porém isso não poderia ser descrito como pecado, pois quando as entidades andróginas divinas se dividiram em pares de companheiros (p.ex., Amilius e Lilith) preservaram sua pureza original e não desejaram as formas carnais".[34]

Entre os Wa, povo que habita a região entre a Indonésia e a China, há ainda outras evidências da exatidão dessa tese. Segundo o mito da criação dos Wa os primeiros seres, Yatawm e Yatai, "não eram nem espíritos nem humanos. Embora parecessem ser de sexos diferentes, não sentiam as paixões terrenas". Foi só depois de se alimentarem com duas cabaças — que o Criador havia deixado cair na terra ao lado deles — e depois que plantaram as sementes das cabaças, as

---

34. W. Howard Church: *Die 17 Leben des Edgar Cayce* (Genebra, 1988), p. 39.

quais brotaram e se transformaram em novas cabaças e finalmente numa porção delas, apenas então é que tomaram consciência de sua atração sexual".[35] Este mito nos lembra Adão e Eva que comeram o fruto proibido e depois se aperceberam de sua nudez, tal como descrito no Gênesis 3:6-7.

---

35. Paul Hübner: *Von ersten Menschen wird erzählt* (Dusseldorf e Viena, 1969), p. 182.

3. A Perda da Graça

A perda da graça — também chamada de "pecado original" — levantou inúmeras questões e gerou uma série de interpretações e especulações. Todas as explicações possíveis foram analisadas. Alguns intérpretes desprezam a serpente, citando a tentação da humanidade pelo demônio por intermédio dela e o subseqüente exílio num mundo pecaminoso. Outros comentaristas defendem a idéia de que a serpente, como elemento de tentação, na verdade nos ajudou, mostrando-nos o caminho da sabedoria.

O relato da perda da graça que encontramos no Gênesis, deixa a impressão de que há vários "pecados originais" e sugere ainda que o significado mais profundo desses pecados está oculto entre as palavras da narrativa bíblica, ao mesmo tempo que constitui a estrutura unificadora do texto. Por um lado, esses pecados envolvem uma desobediência a Deus (i.e., ao princípio fundamental e à unidade da vida) e, por outro, a perda da graça implica a transgressão, plenamente justificada e, eventualmente, até necessária, das leis e proibições estabelecidas unilateralmente pelos Elohim, autores e governantes do mundo material.

As citações abaixo ajudam a explicar as razões pelas quais acredito que o relato da perda da graça seja, na verdade, o encadeamento de vários contos. Os versículos 3:4, 5, 22 e 24 do Gênesis corroboram a segunda interpretação, isto é, aquela em que a serpente é benfeitora da espécie humana e aqueles que estabeleceram as leis não são iguais ao Deus Supremo (i.e., o Deus de amor e fonte de vida), mas são deuses hierarquicamente inferiores, que se distanciaram do princípio fundamental por seus próprios equívocos. Nos versículos 3:4 e 5 do Gênesis, a serpente diz a Eva: "No dia em que dele comerdes, vossos olhos se abrirão e vós sereis como deuses, versados no bem e no mal".

O Corão apresenta relato semelhante sobre o episódio da tentação. Segundo a versão islâmica, Satã promete a vida eterna: "Deus proibiu que se servissem desta árvore, apenas para que não se transformassem em anjos e se tornassem imortais" (Sura 7:21).

É claro que nem a serpente do Gênesis nem o Satã do Corão estão mentindo e isso nos coloca diante de uma séria questão: por que conhecer o bem e o mal seria um pecado? É o próprio Deus que, com toda a sua autoridade, confirma o quanto esse conhecimento adquirido é profundo e verdadeiro, quando diz: "Se o homem já é como um de nós, versado no bem e no mal" (3:22). Não é fácil encontrar o significado mais profundo por trás dessas palavras. Depois de Deus ter dito: "Façamos o homem à nossa imagem, segundo a nossa semelhança" (1:26), e depois de a Bíblia declarar expressamente que: "Deus criou o homem à sua imagem, à imagem de Deus Ele o criou" (1:27), por que agora uma semelhança ainda maior, representada pelo conhecimento do bem e do mal, seria considerada pecaminosa? Existe contudo a possibilidade de uma outra interpretação, que confirma a primeira à qual nos referimos, isto é, que no princípio o homem era necessariamente bom simplesmente porque desconhecia a maldade. Só depois de conhecer o bem e o mal, ele pôde distinguir entre esses dois pólos. Embora a alma seja fundamentalmente boa e se empenhe no sentido da bondade, ela tende a pensamentos e ações negativos que obscurecem a visão da verdadeira benevolência e tornam a união com o bem quase impossível.

De acordo com o Gênesis 3:22, Deus continuou: "Agora, ele não estenda a mão e colha também da árvore da vida, e coma e viva para sempre!" A segunda frase e o aparecimento de um querubim, portando uma espada fulgurante (3:24) para impedir o acesso à árvore da vida, sugerem que quem fala aqui não é o Deus maior, que é um Deus de amor e a origem de todos nós. Ao contrário, essas palavras parecem ter sido ditas por deuses inferiores, eles próprios apartados de Deus, e que adquiriram poder sobre o mundo material mas não sobre o espiritual, de esferas mais elevadas. Parece provável que os "deuses do mal", mencionados com freqüência, sejam análogos aos "senhores das trevas", ao demiurgo gnóstico (criador do mundo) e ao demônio do cristianismo, todos eles desejosos de manter as almas prisioneiras do ciclo de nascimento e renascimento. Esses "deuses do mal" fazem todo o possível para evitar que a humanidade atinja o verdadeiro conhecimento de Deus de modo que, em sua ignorância, não possa entrar no reino dos céus e alcançar a imortalidade. Só faz sentido falar em "imortalidade" quando não há mais morte. Esse é, de fato, o objetivo de todas as religiões, isto é, superar a morte e conquistar a vida eterna. Paradoxalmente, os narradores desses versículos bíblicos encaram a conquista desse objetivo como algo negativo para a humanidade e que deve ser evitado a qualquer custo. O fato de que existe apenas um *Deus Supremo*, confirma ainda mais essa interpretação. Mas o Deus que fala nesta passagem, diz: "*Façamos* o homem à *nossa* imagem, segundo a *nossa* semelhança" (1:26) e declara a seguir: "Se o homem já é como um de *nós*" (3:22). Esta voz parece expressar os sentimentos de um grupo e portanto não poderia ser a do Deus Supremo, que é único.

John A. Phillips concorda com esta conclusão: "Os primeiros leitores das escrituras sagradas estavam bastante conscientes de que esses acontecimentos poderiam significar uma bênção, mais do que uma maldição. Maimônides (1135-1204) refere-se ao que seria aparentemente uma antiga objeção ao dogma judaico — isto é, o absurdo representado pelo fato de a única consequência da desobediência do homem ter sido a 'razão, a capacidade de pensar e de distinguir entre o bem e o mal'. Séculos antes, os autores gnósticos mantinham o ponto de vista de que o conhecimento, *per se*, deve ser bom. Uma vez que o deus criador não é o Deus único e verdadeiro mas um ser inferior, a insurreição de Adão e Eva contra Jeová seria uma virtude e a serpente seria benfeitora da humanidade, uma mestra que ensina o conhecimento fundamental do bem e do mal, que o criador tentou deixar fora do nosso alcance".[1]

---

1. John A. Phillips: *Eve, The History of an Idea* (San Francisco: Harper & Row, 1984).

Helena P. Blavatsky diz algo semelhante. Segundo ela, Ilda Baoth (que muitas seitas consideravam como o deus de Moisés) não era um espírito puro, mas criou seu próprio mundo e rejeitou a luz espiritual de sua mãe Sophia Achamoth. "Ansioso por separar o homem de seu guardião espiritual, Ilda Baoth proibiu Adão e Eva de comerem o fruto de sua árvore. Sophia Achamoth, que amava e protegia o homem a quem ela havia dado à luz, enviou um gênio (Orphis), sob a forma de serpente, para persuadir Eva e Adão a desobedecer a essa ordem egoísta e injusta."[2] Helena Blavatsky defende ainda a idéia de que a serpente é Adão Kadmon — homem e mulher — que se transforma em Orphis e tenta provar os frutos da árvore do bem e do mal e, dessa forma, aprende sobre os mistérios da sabedoria espiritual.[3]

O leitor atento pode achar que isso é uma contradição. Por um lado, se diz que os Elohim (os seres que se afastaram de Deus) criaram o mundo e, por outro, se diz que o universo material foi criado para que esses seres que haviam se distanciado de Deus (e que depois encarnaram como seres humanos, animais ou outras formas) pudessem ter algo a que se apegar. Essas duas hipóteses, aparentemente contraditórias, podem ser conciliadas quando percebemos que os Elohim ainda eram puros de espírito e estavam em harmonia com o princípio fundamental quando agiram *em nome dessa* força e estabeleceram o mundo visível para abrigar as almas perdidas. Mais tarde, contudo, eles se apaixonaram tanto por sua própria criação que se dedicaram a este mundo, abandonando o princípio fundamental. O mundo material lhes dava um prazer tão intenso, que eles desejavam preservá-lo e, tanto quanto possível, manter os seres encarnados presos a esse mundo. Por isso, ordenavam a esses seres "sede fecundos, multiplicai-vos, enchei a terra" (Gênesis 1:28).

Os versículos 3:7, 3:14 e 3:21 parecem discordar dessa versão da perda da graça e confirmam a primeira interpretação que apresenta-

---

2. H. P. Blavatsky: *Isis Unveiled* (Wheaton: The Theosophical Publishing House, 1994). [*Ísis sem Véu*, publicado pela Editora Pensamento, São Paulo, 1990.]
3. *Ibid.*, p. 225.

mos. O versículo 7 diz, por exemplo, que, tal como a serpente prometera, "abriram-se os olhos dos dois" e, porque agora estavam abertos, "souberam que estavam nus" e "tendo costurado folhas de figueira fizeram com elas tangas" para ocultar sua nudez. Segundo a perspicaz interpretação de Atanásio, o Grande, eles não se deram conta de sua nudez no sentido físico, mas perceberam que estavam despidos da visão das coisas divinas e que seus pensamentos estavam voltados para as coisas mundanas.

No Corão, o Sura 7:23 concorda com o Gênesis 3:7. Diz o Corão: "Assim, ele os enganou com artimanhas. Ao provarem da árvore, deram-se conta de sua nudez e começaram a coser as folhas do jardim para se cobrirem".

A mitologia hebraica conta que primeiro Chavah (Eva) perdeu suas magníficas vestes, tão finas quanto uma unha e, depois, Adão pecou também. Mas antes de cair em tentação, "lutou contra ela por três horas, transformando-se, afinal, tal como Chavah. Enquanto durava sua batalha, Adão segurava o fruto entre as mãos mas, finalmente, disse: 'Chavah, eu preferiria morrer a viver sem ti. Se a morte reclamar tua alma, Deus jamais poderá me consolar com qualquer outra mulher, mesmo que sua beleza igualasse a tua!' Assim dizendo, Adão comeu o fruto e suas vestes também caíram de seu corpo".[4]

Um antigo mito persa pode ser a fonte da história da perda da graça recontada no Gênesis. De acordo com esse mito, "Meschia e Meschiane alimentavam-se apenas de frutas [i.e., obedecendo às ordens de Deus (veja Gênesis 1:29)], mas depois foram seduzidos pelo demônio Ahriman, que os persuadiu a desobedecê-Lo. Eles perderam sua pureza, cortaram árvores, mataram animais e cometeram outras faltas".[5]

A visão de Leo Schaya sobre a perda da graça e suas conseqüências está em sintonia com os ensinamentos cabalísticos. Para ele, "por

---

4. Robert von Ranke-Graves e Raphael Patai: *Hebrew Myths* (Nova York: Greenwich House, 1983).
5. *Ibid.*, p. 98.

terem (as entidades pecadoras) aderido aos prazeres da vida, esqueceram-se de reafirmar sua crença em Deus, a fonte e significado de suas vidas. Sua auto-afirmação acabou por degenerar em negação de sua essência divina primordial — que é Deus — e Sua graça divina assumiu um caráter de severidade para negar essa negação. Do *Chesed* surgiu *Din* (julgamento). Din é o julgamento rigoroso de tudo o que estabelece limites à afirmação dos seres, e o limite último é a morte e o inferno".[6]

O Gênesis conta ainda que Adão e Eva "esconderam-se do Senhor Deus" (3:8) e que "O Senhor Deus chamou Adão e lhe disse: 'Onde estás?'" (3:9) e "ele respondeu: 'Ouvi teu passo no jardim e tive medo porque estou nu e me escondi'" (3:10). "Quem te fez saber — disse Ele — que estavas nu? Comeste, então, da árvore que te proibi de comer?" (3:11) "Adão respondeu: 'A mulher que puseste junto a mim me deu do fruto da árvore, e eu comi'" (3:12) "e O Senhor disse à mulher: 'Que fizeste?' e a mulher respondeu: 'a serpente me seduziu, e eu comi'" (3:13). "E o Senhor Deus disse à serpente: 'Por que fizeste isso, és maldita entre todos os animais domésticos e todas as feras selvagens. Caminharás sobre teu ventre e comerás poeira todos os dias de tua vida'" (3:14).

A serpente significa a queda do homem e suas conseqüências, pelas quais ele é responsabilizado. Devido à sua forma fálica, ela simboliza a sexualidade e a sua troca de pele também pode simbolizar a reencarnação (nascimento, morte e renascimento) em vários corpos. Deus a condena a rastejar e a comer pó. Isso significa que o homem que perdeu a graça deve continuar a renascer em corpos na Terra ou em outros planetas, até a redenção e, assim, permanece preso a um ciclo de transformação (*samsara*). Também significa que é obrigado a comer alimentos terrenos para manter-se vivo. Como uma serpente gigante, Oceanos se enrosca ao redor do mundo. Uroboros, a poderosa serpente que morde a própria cauda, é o símbolo do infinito ciclo de vida e morte.

---

6. Leo Schaya: *Universal Meaning of the Kabbalah* (Londres: Allen & Unwin, 1971).

Como veremos em passagens posteriores, a alma é obrigada a encarnar sucessivamente em diferentes corpos, por causa de seus próprios instintos básicos (temporários). Permanece prisioneira no plano físico (o ciclo de vida e morte) como resultado de seus próprios desejos e necessidades, e não por punição divina.

No trecho seguinte (Gênesis 3:15) Deus diz à serpente: "Porei hostilidade entre ti e a mulher, entre tua linhagem e a linhagem dela". Como a serpente simboliza uma outra criatura caída em desgraça, esse versículo nos diz, em última análise, que a humanidade afastou-se da harmoniosa unidade cósmica e desceu a um mundo onde todos lutam contra todos. A história alegórica de Caim e Abel corrobora ainda mais esse ponto de vista.

"O Senhor Deus fez para o homem e sua mulher túnicas de pele, e os vestiu", continua o versículo 3:21. Orígenes observa, acertadamente, que essas roupas de pele correspondem ao próprio corpo humano, que originalmente era muito mais coberto por pêlos do que hoje. Orígenes faz uma pergunta retórica: "Por acaso Deus é curtidor ou seleiro para coser roupas de pele para Adão e Eva?". Ele rejeita essa suposição como totalmente absurda e conclui: "Portanto é óbvio que Moisés está se referindo ao corpo humano".

A filosofia gnóstica adotada pelos Ofitas interpreta essa passagem de modo semelhante: "No passado, e de conformidade com sua criação [no céu], os corpos de Adão e Eva eram leves, resplandecentes e imateriais; ao caírem em desgraça, eles se tornaram mais opacos, densos e apáticos". Envoltos nesses corpos mais pesados, "foram obrigados a olhar-se e perceber que estavam nus, que haviam se tornado mortais e traziam a morte dentro de si. E então tiveram de aprender a aceitar pacientemente a idéia de que, pelo menos por um certo tempo, deveriam permanecer vestidos desse modo e enclausurados em corpos terrenos".[7]

No princípio deste capítulo julgamos interessante examinar mais detalhadamente duas interpretações da perda da graça, que são fun-

---
7. Hans Leisegang: *Die Gnosis* (Stuttgart, 1985), p. 179.

damentalmente diferentes e chamar a atenção para os versículos que apoiariam cada uma dessas interpretações. Nesse contexto, estamos basicamente interessados na primeira dessas interpretações porque queremos enfatizar a primeira perda da graça, também chamada de "pecado original". Esse acontecimento marca o afastamento da unidade da vida e a perda do estado paradisíaco, no qual não existe nem morte nem transitoriedade. Ele dá início ao declínio em direção a uma existência caracterizada pela dolorosa experiência de sucessivos nascimentos e mortes. A perda da graça também é conhecida como "declínio espiritual", e uma de suas conseqüências é o surgimento do mundo material. Como a natureza básica da alma é incorpórea, indubitavelmente essas almas devem ter cometido algum tipo de transgressão, que as levou à encarnação. Eu poderia ter incluído esta discussão no princípio do livro mas preferi colocá-la aqui, de modo que a sequência dos três primeiros capítulos mostrasse um paralelo com os eventos descritos no Gênesis. Conforme vimos, o relato bíblico começa descrevendo a criação e o humano andrógino, continua com a divisão dessa entidade e só então trata da perda da graça.

É claro que estamos particularmente interessados naqueles acontecimentos relativos à perda da graça, que claramente confirmam a divisão do ser humano andrógino em dois gêneros, uma divisão que já discutimos amplamente no capítulo anterior. No início do Gênesis 3 a serpente pergunta a Eva se Deus os proibiu de comer os frutos de todas as árvores do jardim. Eva responde que ela e Adão podem "comer do fruto das árvores do jardim, mas do fruto da árvore que está no meio do jardim, Deus disse: 'Dela não comereis'" (Gênesis 3:2-3). Comparando o Gênesis 2:16 e 2:17, vemos que, tal como mencionado no capítulo precedente, Deus ordenou *ao homem* que não se servisse da árvore, mas no Gênesis 3:3 é *a mulher* que se refere ao recebimento da ordem. A frase de Eva é outra evidência que sustenta minha afirmação de que homem e mulher devem ter originalmente formado uma única entidade, posteriormente dividida. Se, no momento em que a ordem foi dada, a mulher ainda não tivesse sido criada a partir da costela de um homem já existente, ela certamente não teria respondido à serpente citando a proibição. No momento em que Deus deu a ordem, tal como narrado no Gênesis 2:16-17, a mulher ainda não havia sido dada ao homem e, de acordo com interpretações populares, ela nem sequer existia. Ela só foi criada e trazida ao homem no Gênesis 2:22. Como, então, ela poderia ter sabido da ordem de Deus? Nos versículos 2:16-17, Deus fala ao homem: "Podes comer de todas as árvores do jardim. Mas da árvore do conhecimento do bem e do mal não comerás, porque no dia em que dela comerdes, terás de morrer". É a essa ordem que a mulher se refere em sua resposta à serpente no Gênesis 3:3.

Levando tudo isso em conta, a desobediência à ordem do Deus supremo — e, conseqüentemente, o distanciar-se dele e aproximar-se de outras coisas, o desejo que só pode ser satisfeito no plano material — deve ser considerado como o ponto central da perda da graça original. A satisfação desse tipo de necessidade que só pode ser atingida no plano da matéria não apenas conduziu a alma à corporificação como também levou-a a tornar-se prisioneira do ciclo de vida e morte, do qual só pode se libertar após livrar-se desse desejo.

Isso significa que a alma deve superar desejos que podem ser satisfeitos apenas no plano material e esta libertação só é conquistada pela realização e convicção interiores. Contudo, estaríamos completamente enganados se tentássemos suprimir esses desejos, o que nos levaria apenas no sentido oposto ao da libertação. Quando uma alma — anteriormente plena de satisfação — que esteve tentando satisfazer seus desejos, tenta suprimi-los (embora eles continuem a existir porque ainda não foram superados por uma convicção interior), ela certamente passará pelo sofrimento de uma tortura auto-infligida. Esse não é o objetivo desejável nem tampouco benéfico.

Podemos supor que *no princípio* (i.e., num "tempo" anterior à existência do tempo e "antes" da criação do universo material), as almas (i.e., as centelhas do espírito divino) viviam em harmoniosa comunhão. Em algum momento essa situação deve ter mudado, fazendo com que algumas dessas almas entrassem em conflito com o princípio original (que chamamos "Deus"). No começo, talvez fossem algumas poucas dissidentes — que, no conjunto, simbolizam o "demônio", a primeira entidade a afastar-se de Deus. Mais tarde, um número cada vez maior delas seguiu esse mau exemplo, fascinadas pelo que lhes era prometido se abandonassem a comunhão com Deus e se voltassem para a própria individualidade. Essa situação é representada figurativamente pela sedução do demônio, ou serpente. Ao sucumbir à atração da individualidade, essas almas afastavam-se do princípio original e tornavam-se seres distintos e isolados — como gotas d'água que se separam da corrente e se transformam numa miríade de gotículas.

Este ponto de vista é corroborado pela afirmação de Herbert Engel, no *Sphärenwanderer*, de que outrora todos nós vivemos e agimos pelo poder do espírito.[8] O texto também diz que essa *ação* ocorreu, no princípio, em harmonia com a força primordial.[9] "Mas alguém deve ter dado início — poucos a princípio, depois outros mais, começamos a ter estranhos pensamentos. Queríamos saber qual a extensão de nossa liberdade para que pudéssemos determinar nossas próprias ações."[10] Em seguida, Engel diz que apenas parte das almas afastou-se da unidade e posteriormente foram auxiliadas por aquelas que não haviam perdido a graça.[11]

Orígenes tem opinião semelhante e, segundo ele, "as almas, por desejo ou por senso do dever, se motivaram para assumir a aparência física". As primeiras sucumbiram à tentação da luxúria e as últimas sentiram a necessidade de servir a Deus e auxiliar aquelas que haviam encarnado em função do desejo, para lembrá-las de sua origem divina e levá-las novamente para Deus. Apesar da nobreza de suas intenções, poucas dessas "servas puras" mantiveram-se livres da luxúria. Muitas sucumbiram à tentação, apesar de terem encarnado pelo senso de dever para com Deus ou para com suas companheiras. Assim, tiveram o mesmo destino daquelas a quem tinham vindo salvar.

---

8. Herbert Engel: *Der Sphärenwanderer* (Interlaken, Suíça, 1995), p. 197.
9. *Ibid.*, p. 197.
10. *Ibid.*, p. 198.
11. *Ibid.*, p. 196.

Independentemente de terem se afastado de Deus mais cedo ou mais tarde, ficaram sujeitas às dores dos sucessivos nascimentos e mortes. E todas têm a mesma missão, isto é, libertar-se dos grilhões físicos para que possam retornar a Deus no reino da luz. Orígenes nos ensina ainda, em consonância com a tese acima: "todas as criaturas incorpóreas e invisíveis, ainda que sensíveis, ao negligenciarem, resvalam gradativamente para estágios inferiores. Assumem diferentes corpos, dependendo das características do lugar para onde se deixaram cair (ex. primeiro corpos do éter, depois corpos do ar). Ao se aproximarem da Terra, revestem-se de matérias ainda mais densas até que finalmente ficam aprisionadas à carne humana" (*de princ.* I,5). Segundo Orígenes, essa mudança de atributos é acompanhada por uma mudança de *status*.

Todos os seres que emanaram originalmente de Deus devem sua existência à *única vida*. Todos são, e sempre foram, fragmentos dela. Embora sejam entidades distintas, individualizadas, não se equivocaram ao interpretar essa individualidade e continuam a existir em comunhão e voltadas para a comunidade. Podem ser comparadas a gotas d'água que, no conjunto, formam o *oceano* e, ainda assim, continuam a existir separadamente como uma verdadeira comunidade dentro dele. A "alegoria da água", que as escrituras ocidentais propõem como a explicação para a vida — e que freqüentemente é mal-compreendida — não implica necessariamente a extinção do indivíduo no paraíso, mas significa apenas que cada indivíduo é parte de um todo que, em última análise, faz com que ele se una a todos os outros. Cada gota d'água segue o mesmo processo: embora se fundam para transformar-se num oceano, isso não significa que cada uma delas deixe de existir. Talvez se junte a uma infinidade de outras pequenas gotas e, assim, se torne uma com todas elas.

A consciência da individualidade é um elemento fundamental da primeira perda da graça. Isso não implica tornar-se consciente de um *ego*, mas deriva da ilusão arrogante de que o indivíduo é uma entidade totalmente independente e, portanto, não está mais ligado a Deus.

Gostaria de mencionar aqui uma outra alegoria com a qual espero esclarecer que a *única vida* — que é o mesmo que o *Deus de amor* —

empenha-se profundamente em trazer de volta para si cada uma das *entidades perdidas* (i.e., seres como nós que se perderam ao longo de suas peregrinações). Deus quer conduzir todos nós, "ovelhas desgarradas", de volta à nossa unidade original. Para compreender essa alegoria, podemos imaginar a essência da vida como um quebra-cabeça. Admito que essa não seja uma imagem perfeita, simplesmente porque Deus, embora estando em todos os seres, não sofre mudanças. Apesar disso, a alegoria é útil. Por um lado, o indivíduo, como uma peça do quebra-cabeça, não representa nada sozinho e desconhece totalmente o quadro completo; por outro, cada peça (i.e., cada indivíduo) tem sua importância e é insubstituível porque o quebra-cabeça não forma uma figura completa se faltar uma única peça.

Considerando que toda a vida originou-se do Ser Único e "tudo foi feito por meio dele, e sem ele nada foi feito" (João 1:3), é claro que mesmo a origem do demônio (ou Satã no Corão, que levou Adão e Eva à desgraça, ou a serpente, na Bíblia, responsável pela mesma sedução) deve ser investigada na mesma Suprema Unidade. Contudo, o demônio possivelmente já se afastara de Deus, antes que ocorresse a perda da graça descrita na Bíblia e no Corão.

Orígenes diz o mesmo: "Se, como acreditam alguns, as trevas constituíam a natureza do demônio, como ele poderia ter sido a luz da manhã? E, se nada havia de luminoso nele, como poderia surgir e brilhar na manhã? Nosso Salvador nos ensina sobre a natureza do demônio quando diz (em Lucas 10:18) 'Eu via Satanás cair do céu como um relâmpago'. Isso mostra que o demônio foi luz em algum momento" (*de princ.* I,5).

O Gênesis narra a expulsão do paraíso (ou o afastamento de inúmeras almas da unidade original da vida) nos versículos 3:23 e 24. "O Senhor Deus o expulsou do jardim do Éden para cultivar o solo de onde fora tirado. Ele baniu o homem, e colocou, diante do jardim de Éden, os querubins e a chama da espada fulgurante para guardar o caminho da árvore da vida." (Gênesis 3:23-24)

Para finalizar, devemos nos lembrar de algo que mencionei no início deste capítulo, isto é, que a perda da graça, tal como descrita no

Gênesis, envolve mais de um pecado original. Alguns desses pecados foram contra o Deus Supremo (e, portanto, contra nós próprios), outros constituíram casos de desobediência aos Elohim (criadores do mundo material). Essas transgressões foram necessárias para escapar aos Elohim e, em última análise, reunir-se ao Deus de amor, que é a verdadeira substância da própria vida.

O Paraíso, o Jardim do Éden, tal como descrito na Bíblia, jamais existiu na Terra e sim na região astral. O Corão corrobora essa afirmação no Sura 7 no qual Deus diz: "Desça [à terra] aquele entre vós que for inimigo do outro; e a terra será sua morada e dela tirareis o alimento" (7:25). O ódio que grassa entre as criaturas terrenas fica bastante óbvio quando Caim mata Abel. O versículo continua: "Ele disse, 'nela vivereis e nela morrereis e dela sereis arrancados'" (7:26).

4. A Passagem das Almas Gêmeas pela Matéria

> O homem conheceu Eva, sua mulher; e ela concebeu e deu à luz Caim, e disse: 'Adquiri um homem com a ajuda do Senhor'.
>
> (Gênesis 4:1)

Houve certamente um espaço de tempo entre o que relato neste quarto capítulo e a expulsão do paraíso, contada no Gênesis 3:23-24. Segundo essa versão, Adão e Eva ainda não eram adultos quando caíram em desgraça, mas teriam antes nascido na Terra, possivelmente criados a partir de substâncias do próprio solo. Não teriam surgido de repente, já como adultos, mas sim passado por todo o processo de crescimento: nascido como bebês e continuado, gradualmente, por toda a infância e puberdade, até finalmente se encontrarem. Esse parece ser o sentido das palavras bíblicas "e o homem conheceu Eva, sua mulher". Se após a expulsão do paraíso eles tivessem mantido a consciência do pecado (i.e., se ao chegar à Terra ainda lembrassem do sacrilégio que haviam cometido) e se tivessem imediatamente encarnado como adultos, Adão não teria precisado conhecer — ou *reconhecer* — sua mulher, pois ela teria estado ao seu lado todo o tempo. Portanto, de algum modo devem ter nascido aqui (talvez diretamente da terra) e passado a infância separados até que, depois de crescidos, tivesse chegado o momento predeterminado para o seu encontro. Adão reconheceu Eva e, a partir de então, permaneceram juntos. Eva expressa sua alegria por encontrar seu verdadeiro companheiro e não ser obrigada a aceitar qualquer outro cônjuge, dizendo: "Adquiri um homem *proveniente do* [i.e., com a ajuda do] *Senhor*".

Para Edgar Cayce, embora imersos no plano material "os seres humanos ainda permaneciam relativamente próximos a Deus e, durante o primeiro milênio na Terra, viveram encarnados em corpos que permitiam que se expressassem com muito maior facilidade do que aconteceria posteriormente. Poderes ocultos faziam parte de seu cotidiano...Mas os seres humanos afastaram-se cada vez mais de suas origens, submergiram profundamente no mundo material, com suas atrações terrenas e gradualmente perderam os poderes que Deus lhes dera".[1]

Já em sua primeira encarnação, os humanos começaram a identificar-se mais com o mundo material do que com seu antigo e verdadeiro lar. O fato de que tiveram filhos imediatamente (Eva engravidou e deu à luz Caim) deixa claro esse desvio de identificação. E assim, foram cada vez mais se perdendo, num ciclo contínuo de nascimentos e mortes.

Caim conheceu sua mulher.
(4:17)

Após a leitura desse versículo, ou até mesmo antes, aqueles que consideram que a divisão em dois gêneros do primeiro casal foi um processo que ocorreu apenas para que eles pudessem procriar (segundo a tradição bíblica) deveriam rever seriamente esse ponto de vista preconcebido. Além disso, quem acredita que, por terem sido concebidos por pais humanos em vez de serem separados em dois sexos, eles não possuíam almas gêmeas, deve questionar a validade de suas crenças (ou as crenças nas quais foi doutrinado pela igreja cristã). As pes-

---

1. Edgar Cayce: *Bericht von Ursprung und Bestimmung des Menschen* (Goldmann Publ., 6/92), p. 69.

soas que concordam com essa idéia estão, provavelmente, entre aquelas que negam a preexistência da alma e que insistem em manter a noção equivocada de que a alma e o corpo físico são concebidos simultaneamente e que, na morte, a alma sobrevive e abandona esse corpo.

Orígenes, o mais conhecido sábio cristão, fala sobre esse tema: "Como poderia a alma daquele de quem Deus disse 'Antes mesmo de te formar no ventre materno, eu te conheci; antes que saísses do seio, eu te consagrei' (Jeremias 1:5) ter sido criada junto com seu corpo? Não é possível que Deus imbuísse as criaturas no Espírito Sagrado aleatoriamente, em vez de selecioná-las conforme seu grau de amadurecimento; nem tampouco seria possível que Deus consagrasse as pessoas sem que elas tivessem feito jus a isso. De que outra forma podemos explicar o sentido das palavras 'há injustiça por parte de Deus? De modo algum' (Romanos 9:14)? O que mais poderia significar 'porque Deus não faz acepção de pessoas' (Romanos 2:11)? Essas contradições seriam resultantes de uma doutrina que afirmasse que a alma surgiu junto com o corpo" (*de princ.*I7:4).

Antes de mais nada, devemos entender claramente que "a alma não nasce nem morre seja lá em que momento for. Nem é algo que adquira vida apenas uma vez e, depois da morte, jamais torna a nascer. A alma não tem princípio, é primordial e eterna e não pode ser destruída quando o corpo morre" (Bhagavad Gita 2:20). Porque "nunca houve um tempo em que eu, você ou estes reis não tenhamos existido. Nem virá um tempo em que qualquer um de nos já não exista mais" (Bhagavad Gita 2:12). No livro *A República*, de Platão, Sócrates explica a eternidade da alma em palavras que podem ser claramente entendidas por qualquer pessoa sensata: "Então, se não há um demônio que possa destruí-la [a alma], nem o seu próprio [demônio] nem o de outra pessoa, ela deve existir para sempre; o que quer dizer que ela é imortal... Podemos considerar isto então como provado... E, se assim for, conclui-se que as mesmas almas existiram sempre. Elas não diminuem em quantidade, porque uma alma não morre, e tampouco podem aumentar. Qualquer aumento no número de almas imortais deve ocorrer às custas do aumento da mortalidade e, se isso fosse possível, tudo seria, então, imortal".[2]

Radhakrishnan, o filósofo indiano, explica: "As hostes de almas pertencem ao Senhor. Ele não é seu criador, pois elas são eternas. A alma é diferente do corpo, que é um objeto inconsciente de experiência... Durante sua vida temporal, a alma se funde ao corpo que habita... A quantidade de almas não aumenta nem diminui. À medida que aumenta o número de almas redimidas, reduz-se a quantidade daquelas que ainda não alcançaram a redenção. As almas redimidas têm plena consciência, mas esta consciência ainda está obscurecida nas almas que estão encarnadas".[3]

As almas devem partilhar a mesma essência, uma vez que surgem da mesma substância e são imortais desde o princípio de sua existência. E, assim sendo, todas elas (i.e., todas as almas atualmente encarnadas) devem passar pelo mesmo processo de divisão em dois sexos. Em outras palavras, se Adão e Eva, individuados de uma mesma entidade, são, conseqüentemente, almas gêmeas, o mesmo deve ocorrer com todos os outros seres. Desse modo, para cada alma encarnada no corpo do sexo, há uma outra encarnada num corpo do sexo oposto. O versículo bíblico, anteriormente citado, sustenta essa conclusão: como seu pai antes dele, Caim, filho de Adão e Eva, "conheceu sua mulher" (i.e., reconheceu a outra parte da alma, que pertencia a ele desde o princípio dos tempos). Que outra interpretação possível haveria para esse versículo?

Tornou Adão a conhecer sua mulher.
(4:25)

Não seria necessário que Adão conhecesse Eva de novo, pois todo ser humano conhece aquele(a) com quem conviveu por muito tem-

---

2. Platão: *The Republic* (Londres: Penguin Books, 1987), p. 381.
3. Radhakrishnan: *Source Book in Indian Philosophy* (Princeton: Princeton University Press, 1957).

po. Esse versículo poderia estar fazendo referência a uma encarnação posterior (que teria ocorrido após a encarnação descrita no Gênesis 4:1), pois só nesse contexto o "re-conhecimento" de Eva faria sentido. Platão, no *Simposium*, diz basicamente o mesmo que o Gênesis 4:25, no trecho em que Aristófanes diz as seguintes palavras, a respeito do reencontro de duas almas gêmeas: quando alguém "encontra exatamente o ser que é sua própria metade, fica de tal modo possuído por sentimentos de amizade, lealdade e amor que não quer mais dela se separar, mesmo que por curto espaço de tempo".

Rudolf Passian descreve o caso de um vienense chamado Herman Medinger que, tendo saído de seu corpo após um acidente, acreditava ter encontrado um ser que, como numa casa de espelhos, lhe disse que haviam convivido muitas vezes em encarnações passadas. Na maior parte delas, haviam sido felizes como marido e mulher, embora o gênero de cada um variasse a cada encarnação. Em outras, haviam sido apenas bons amigos ao passo que, em outras ainda, haviam se tornado inimigos.[4]

Ronald Zürrer também escreve sobre o tema: "Não é só possível, e provável, que tão íntima relação tenha continuidade em vidas posteriores, como também acontece que os parceiros continuem trocando de sexo. Voltaremos à terra em nossas vidas futuras como seres masculinos ou femininos, dependendo da intensidade da ligação com a alma gêmea ser maior ou menor que nossa identificação com o comportamento de nosso próprio sexo. Cada um voltará, num novo corpo, a relacionar-se com seu próprio parceiro".[5]

Cada alma encarna em um determinado corpo em função de seu próprio karma pois, como já dissemos, elas não são nem masculinas nem femininas e nem sequer humanas ("humano" no sentido de uma pessoa encarnada e sem conhecimento). O Veda diz o mesmo, afirmando que a alma não é nem masculina nem feminina mas transcende toda a dualidade do mundo material. Isso explica por que, numa

---
4. Rudolf Passian: *Wiedergeburt* (Munique, 1985), p. 132s.
5. Ronald Zürrer: *Reinkarnation* (Zurique, junho de 1992), p. 110.

próxima encarnação, a alma pode encarnar num corpo masculino ou feminino e também por que pode ter habitado um corpo feminino durante as últimas encarnações passadas. Embora esse tema seja muito interessante, não dispomos aqui de tempo ou espaço para tratar dele com maior profundidade e recomendamos aos leitores interessados nessa questão, que consultem a literatura especializada relativa ao assunto.

No que se refere ao nosso tema, precisamos apenas observar que a mudança de sexo de uma encarnação para a seguinte não contradiz absolutamente a doutrina das almas gêmeas. Passian[6] e Dethlefsen concordam com isso. Diz Dethlefsen: "Depois de testar várias hipóteses, temos atualmente a opinião de que a alma possui um sexo fixo e que a alma correspondente dessa dupla tem o sexo oposto. Na maioria das encarnações, a alma assume corpos de sexos semelhantes àquele em que encarnou no princípio. A intervalos ela encarna em corpos do sexo oposto para que possa vivenciar determinadas experiências ou cumprir seu karma. Freqüentemente (mas não sempre), ela encarna ao mesmo tempo que sua alma gêmea, uma vez que a evolução de uma depende do desenvolvimento da outra".[7]

Peter Michel comenta a respeito das duas divergências básicas a respeito da troca de sexos e das razões desse intercâmbio: "A fonte das diferenças de opinião sobre a mudança de sexo, ao longo das sucessivas reencarnações, está em duas visões do mundo distintas. A primeira delas poderia ser chamada *evolutiva* e a outra, *criacionista*".[8] Segundo o modelo evolutivo, "o objetivo da evolução no plano físico é chegar a um ser humano totalmente equilibrado, composto em parte por atributos *masculinos*, tais como vontade e inteligência e em parte por atributos *femininos*, tais como intuição e amor; o ser humano completamente evoluído manifestaria ambos os aspectos à perfeição".[9]

---

6. Rudolf Passian: *Wiedergeburt* (Munique, 1985), p. 198.
7. Thorwald Dethlefsen: *Schicksal als Chance* (Goldmann, 1/89), p. 243s.
8. Peter Michel: *Karma und Gnade* (Grafing, 1992), p. 99.
9. H. K. Challoner: *Wheel of Rebirth* (Wheaton, 1976).

Michel continua: "Para atingir esse objetivo, a alma muda de sexo acumulando assim experiências em corpos masculinos e femininos. O modelo criacionista parte do pressuposto de que 'no princípio' Deus criou todos os seres como díades. Essas almas gêmeas vagam juntas ao longo da criação, encontram-se repetidas vezes durante o caminho que devem percorrer para seu desenvolvimento e finalmente vivem juntas na mais completa e perfeita harmonia da consciência divina. Esse modelo é o 'mais inspirado' dos dois e, não poucos entre os grandes poetas, acreditaram nele. Quando consideramos o grande mistério de amor que, desde tempos imemoriais, tem servido de motivação para a vida humana naquilo que ela tem de mais profundo e essencial, parece que a atração entre pólos opostos expressa uma sabedoria mais profunda que a do modelo 'evolutivo' que reduz o amor, esse eterno mistério, a um mero aprendizado e a um meio eficiente de adquirir experiência".[10]

No livro *Children Who Remember Previous Lives: A Question of Reincarnation* (*Crianças que se lembram de vidas passadas: uma questão de reincarnação*) (Charlottesville: University Press of Virginia, 1987) — que recomendo aos leitores interessados neste assunto — o professor Ian Stevenson registra inúmeros casos de troca de sexo. Ele entrevistou, por exemplo, uma menina birmanesa, Tin Aung Myo; uma americana, Erin Jackson; uma indiana, Rani Saxena e um garoto brasileiro, Paulo Lorenz. Todas essas crianças eram capazes de se lembrar de vidas passadas, nas quais encarnaram em corpos de sexos opostos. Depois de ler alguns capítulos do livro do professor Stevenson, aqueles que acreditam que a alma determina a alternância sexual do corpo que habita — encarnando num corpo masculino durante uma vida, depois num corpo feminino na vida seguinte e assim por diante — serão levados a abandonar essa crença.

Um exemplo de reencarnação com o mesmo sexo e com sexo trocado pode ser observado num dos casos estudados pelo professor Stevenson, o das gêmeas birmanesas Khin Ma Gyi e Hin Ma Nge.

---

10. Peter Michel: *Karma und Gnade* (Grafing, 1992), p. 99s.

Ambas lembravam-se das vidas passadas de seus avós maternos. Khin Ma Gyi recordava-se de ter vivido como homem anteriormente. Quando criança, usava roupas de menino e apresentava características e comportamentos que haviam sido típicos de seu avô. Um outro exemplo de reversão de sexo (pelo qual passaram almas recém-encarnadas) e reencontro nesta vida é o de outro par de gêmeas, Sivanthie e Sheromie Hettiaratchi, que eram capazes de lembrar que haviam vivido como dois jovens que eram muito amigos e homossexuais.

Ambos os estudos envolvem casais que, fosse como marido e mulher, fosse como amantes homossexuais, viveram próximos em uma ou mais vidas passadas, talvez até mesmo durante um longo período. Em cada um dos casos, as pessoas haviam se encontrado novamente na vida atual e poderiam perfeitamente supor que se encontrariam em encarnações futuras. Contudo, é mais raro que amantes venham a nascer como gêmeos, uma vez que não podem amar-se como outros casais de sexos diferentes, não ligados por laços de sangue.

Teólogos cristãos explicam o nascimento de gêmeos de maneira totalmente diferente e freqüentemente malcompreendida. Para eles isso ocorre quando duas almas, que se encontraram no plano astral, (onde as almas habitam durante o intervalo entre as encarnações), não querem se separar no momento em que uma delas tem de reencarnar. (Cientistas que estudaram o fenômeno de quase-morte dizem que, quando a alma deixa o corpo, entidades com quem ela se relacionou proximamente durante a vida do corpo que está abandonando vêm encontrá-la.) Como as duas almas que se encontraram no plano astral não podem suportar a separação, entram no mesmo útero ao mesmo tempo e nascem como gêmeos. Ambos os estudos mencionados anteriormente poderiam envolver almas gêmeas, mas não há certeza quanto a isso, de modo que não devemos especular a respeito.

De acordo com a tradição indiana, uma única deusa pode aparecer inúmeras vezes como esposa, mãe e irmã do mesmo deus. Embora à primeira vista essas várias relações de parentesco aparentemente se contradigam, isso não ocorre necessariamente, mas elas podem sugerir a existência de uma significação mais profunda. Os versos de um Upanishad (cujo nome desconheço) descrevem exatamente tal situação:

> *Os seios que o alimentaram*
> *Ele depois acaricia com lascívia.*
> *No ventre de onde nasceu*
> *Sacia mais tarde suas paixões.*
> *Ela que foi sua mãe será sua esposa,*
> *E sua esposa será sua mãe.*
> *Seu pai se tornará seu filho,*
> *E seu filho será novamente seu pai.*
>
> *Assim, nos ciclos de samsara,*
> *Como as pás na roda d'água em movimento,*
> *Ele sairá do ventre materno*
> *De novo, de novo e ainda mais uma vez.*

Supondo que as teses que apresentei anteriormente sejam realmente verdadeiras, poderíamos dizer que, no princípio dos tempos, havia almas sem sexo (ou andróginas) as quais, seja ao longo da imersão na matéria dual, seja ao longo da evolução cósmica, foram de algum modo divididas em duas partes, uma masculina e outra feminina. Apenas como exercício intelectual, tomemos o caso de Sam e Sara. Escolhi esses nomes ingleses bastante comuns para representar todas as almas gêmeas porque, quando colocados juntos, eles formam a palavra *samsara* que, em sânscrito, significa o ciclo das reencarnações. Esse jogo de palavras é particularmente apropriado porque a divisão da díade (pelo menos tal como a conhecemos hoje, em dois corpos) foi apressada pela queda em samsara! Na primeira encarnação após terem se separado, Sam e Sara chegaram à Terra como duas pessoas distintas, embora fossem idênticos entre si e, num reflexo terreno do fato de que pertenciam um ao outro, casaram-se e viveram juntos como um casal amoroso (veja também Gênesis 4:1). Esse mesmo padrão pode ter se repetido ao longo de muitas encarnações, e podemos até mesmo supor que Sam e Sara mantiveram o mesmo sexo original e talvez até o mesmo nome, durante todas essas reencarnações (veja também Gênesis 4:25).

Depois de passado algum tempo, Sam (como Jack) e Sara (como Mary) se encontraram novamente numa encarnação posterior. (A troca dos nomes aparece aqui para deixar claro que agora eles haviam "por fim" caído totalmente em poder da matéria e deviam viver, a partir daí, na "escuridão".) Novamente eles se encontraram, casaram-se e viveram juntos. Desta vez, contudo, Sam (como Jack) não tratou Sara (como Mary) como igual porque acreditava que o homem era superior à mulher. Depois ele reencarnou como Cindy e ela como John. Mais uma vez se encontraram, casaram-se e viveram como marido e mulher, mas agora com os papéis trocados. Novamente seu casamento foi marcado por diferenças de opinião sobre a importância dos sexos.

Posteriormente, e pela primeira vez, Sam e Sara passaram por uma encarnação na qual ambos não se casaram e permaneceram sós, porque não se encontraram. Pela primeira vez, suas vidas foram marcadas por sofrimento intenso. Apesar de procurarem muito, não conseguiram se encontrar. Seguiram-se outras encarnações: às vezes Sam como homem e Sara como mulher, ou vice-versa, mas em cada uma dessas vidas eles se encontraram e se apaixonaram. E novamente suas vidas foram destruídas por brigas e discussões de tal modo que na encarnação seguinte foram impedidos de se encontrar. O amor entre eles, originalmente tão puro, tornou-se vazio e ambos mergulharam de tal modo na boçalidade do mundo material que Sam então decidiu casar-se com uma "estranha" chamada Barbara e Sara escolheu um "estranho" de nome Kevin. Esses casamentos marcaram a primeira "troca de parceiros" para o casal. Nenhum deles sentiu falta do outro e viveram felizes por desfrutar a amizade que nutriam pelos novos parceiros. Mas essas novas relações não possuíam aquela profunda intimidade que caracterizara o amor que, no princípio, haviam desfrutado com suas almas gêmeas.

Por todas essas razões, Sam e Sara não se encontraram durante várias encarnações seguintes. Quando o encontro ocorria, nem sempre se apaixonavam um pelo outro. Às vezes um deles, às vezes o outro, às vezes ambos achavam alguém mais interessante, e a relação entre eles permanecia estritamente platônica. Havia encarnações em que aparentemente eles não tinham sido "feitos um para o outro", embora na verdade assim tivesse sido desde o princípio dos tempos. A razão disso é que, de quando em quando, as encarnações têm propósitos que são diametralmente opostos às leis da eternidade. Durante essas corporificações, Sam e Sara podem ter sido muito bons amigos do mesmo sexo, pai e filha, mãe e filho, ou ainda podem ter encarnado como mãe e filha, pai e filho e assim por diante. Em vidas posteriores podem ter sido irmão e irmã, irmão e irmão, irmã e irmã ou podem também ter se relacionado de inúmeras outras formas.

Em resumo, podemos concluir que todas as almas têm a mesma origem e portanto têm igual valor, independentemente do corpo que habitam e do gênero que exibem na atual encarnação. Tanto o Evangelho segundo S. João quanto o Upanishad Brihadaranyaka confirmam isso (veja Capítulo 1). Prabhupada traduz essa visão sábia em palavras muito significativas: "A alma é igualmente pura em todas as encarnações. Apenas aqueles que não sabem ver as coisas enxergam apenas diferenças físicas, como as que existem entre homens e animais".[11]

Como a alma não é planta nem animal nem ser humano (porque é divina), não é difícil compreender que ela não é nem masculina nem feminina. A doutrina das almas gêmeas não contradiz esse ponto de vista, uma vez que as almas que se encontram depois de penetrarem no plano físico estiveram originalmente unidas como um ser humano andrógino, completo. Separadas, embora criadas uma para a outra, uma metade agora corporifica o princípio masculino e a outra, o feminino. Em circunstâncias mais favoráveis, as almas gêmeas se

---

11. A.C.B.S. Prabhupada: *Krsna, the Supreme Personality of Godhead* (Bhaktivedanta Book Trust, 1997).

vêem frente a frente em corpos de sexos opostos; apaixonam-se e vivem juntas, como um casal enamorado. Mas também podem não se encontrar ou, se se cruzam, podem desenvolver outros tipos de relacionamentos entre si. Por exemplo, podem encontrar-se como indivíduos do mesmo sexo e, em situações favoráveis, desenvolver uma grande amizade. Ou pode acontecer que entre ambos surja uma rivalidade doentia. Este tipo de combinação ajuda a explicar a gênese do homossexualismo, mas de forma alguma justifica essas relações amorosas. Na maioria dos casos, o relacionamento entre seres do mesmo sexo evita que mantenham um relacionamento sexual. O relacionamento sexual também não é legítimo quando as almas gêmeas encarnam como irmãos ou como pais e filhos. São também ilegítimas as relações adúlteras que surgem depois que um dos parceiros assumiu outros compromissos sérios. A maior parte dessas combinações resulta de algum tipo de desordem ou ruptura. Infelizmente, nos tempos atuais os *relacionamentos perturbados* parecem ser a regra mais do que a exceção. A perturbação mais comum é aquela que ocorre quando as almas gêmeas passam pela vida sem jamais se encontrar.

5. Casamentos Terrenos e Celestiais

O mundo material foi criado com base num princípio espiritual; do mesmo modo, os casamentos terrenos, ou as uniões nas quais a mesma intimidade está presente, devem seguir algum modelo celestial. Quero que fique bem claro que este livro — particularmente o próximo capítulo — usa as palavras "casamento" ou "parceria" para descrever todos os tipos de vida em comum. Por um lado, os casamentos consensuais devem ser encarados como matrimônios genuínos; por outro lado, um casamento é também uma parceria, pois será verdadeiro apenas se ambos os parceiros sentirem que desposaram um ao outro. Um casamento se realiza quando as duas almas sentem-se intimamente unidas, mesmo que não tenha havido uma cerimônia realizada por um sacerdote ou por um juiz de paz. Ao mesmo tempo, um casamento — com todo o ritual, inclusive a certidão — não existe de fato se o casal não sente que um vínculo interior os une. Aqueles que se casam exclusivamente por dinheiro não podem esperar viver um casamento genuíno, embora uma relação marital autêntica possa vir a se desenvolver ao longo do tempo. O chamado casamento "divino" ou "celestial" (i.e., a comunhão entre almas gêmeas, destinadas uma à outra desde o princípio dos tempos) é o modelo (ou idéia primordial) no qual se inspiram os casamentos terrenos.

Jesus parece discordar dessa visão do matrimônio, quando afirma: "Com efeito, há eunucos que nasceram assim desde o ventre materno. E há eunucos que foram feitos pelos homens. E há eunucos que se fizeram eunucos por causa do Reino dos Céus. Quem tiver capacidade para compreender, compreenda!" (Mateus 19:12).

Depois que compreendemos o verdadeiro significado desse versículo, percebemos que Jesus não se opõe realmente ao casamento. Contudo, para que isso possa ser entendido, devemos primeiro esclarecer alguns possíveis mal-entendidos. A frase que se refere a alguns homens que "se fizeram eunucos por causa do Reino dos Céus" parece sugerir que o celibato é o caminho que nos leva a Deus, mas para discernir o real significado por trás dessas palavras é preciso analisá-las cuidadosamente. É claro que o casamento não é contrário à vontade de Deus, uma vez que Ele próprio criou a mulher depois de constatar que "não é bom que o homem esteja só" (veja Gênesis 2:18).

Ao estabelecer a parceria entre marido e esposa, homem e mulher não são mais dois, mas tornam-se novamente "uma só carne" (Gênesis 2:24). Quanto mais espiritualizados forem os parceiros, tanto mais profundamente vivenciarão o casamento como uma união de almas. Companheiros cujos interesses estejam mais diretamente ligados ao reino material estão mais sujeitos a competirem entre si e tendem a permanecer como indivíduos, separados e distintos, não podendo alcançar a unidade porque interiormente não evoluíram o suficiente. Seus objetivos são egoístas, seja porque querem sentir-se superiores ao parceiro ou porque temem sentir-se inferiores a ele. Mas, seja por arrogância ou por medo, o resultado é o mesmo: ambos se isolam em si mesmos e cada um deles permanece como uma simples metade e não como parte integrante de um todo. Parceiros espiritualmente evoluídos, por outro lado, ascendem a esferas mais elevadas e fundem-se espiritualmente, transformando-se numa única entidade. Essa união não precisa acontecer necessariamente no campo físico, embora possa assumir a forma de um abraço ou de uma relação sexual. No Capítulo 7 discutirei com maiores detalhes essa união espiritual e a união física análoga.

Parceiros espiritualmente evoluídos não se mantêm alheios ao restante da criação, mas esforçam-se por servir ao cosmos. O casamento de Mahatma Gandhi é um bom exemplo disso. Almas espiritualmente evoluídas percebem-se e existem em unidade com todo o cosmos e com todos os seres. É claro que pessoas não-casadas podem fazer boas ações que beneficiem a sociedade e todos os seres sensíveis mas, em geral, as energias de uma pessoa que não tem um parceiro se esgotam mais rapidamente. Por outro lado, uma parceria espiritual funciona como uma bateria auto-recarregável, cujos pólos motivam um ao outro para a realização de atos benevolentes e ações filantrópicas.

Como demonstramos no Capítulo 1, a entidade criada e descrita no primeiro capítulo do Gênesis é a única imagem completa e perfeita de Deus. Apenas esse ser dual merece verdadeiramente ser chamado de "humano". Os que surgiram após a divisão dos sexos descrita no Gênesis 2 só podem ser denominados "humanos" quando considerados na união (i.e., em combinação com suas almas complementares). Os "humanos" terrenos são homens ou mulheres e, portanto, são necessariamente incompletos, imperfeitos e precisam do sexo oposto para atingir a completude. Segundo Swedenborg, isso só pode acontecer desse modo, porque "a diferenciação em dois sexos e a interação entre eles expressa a primeira lei da criação".[1]

O livro *As revelações de Ramala* apresenta a mesma visão: "Para aprender o verdadeiro significado do matrimônio, devemos retornar ao princípio da criação, àquele momento da evolução cósmica em que os indivíduos foram criados. Nesse momento seu espírito foi dividido em dois aspectos: o positivo e o negativo, o masculino e o feminino".[2]

Os autores continuam dentro da mesma linha: "Se uma pessoa vive sozinha, não pode criar senão aquilo que reflete sua consciência — ou seja, apenas metade da criação, seja masculina ou feminina. Mas, se ela vive um casamento harmônico, se vive com alguém que incorpora a outra metade da criação em seu aspecto divino, então

---

1. Swedenborg/Gollwitzer: *Der Mensch als Mann und Weib* (Zurique, 1973), p. 51.
2. Ramala: *Die Weisheit von Ramala* (Munique, 1988), p. 328.

essas duas energias criativas podem se unir e transformar-se num todo harmônico e equilibrado".[3]

Bo Yin Ra também escreve sobre esse sentido mais profundo do casamento e corrobora a hipótese que levantei no início deste capítulo: "Abençoados aqueles que, casados nesta vida terrena, encontraram sua outra metade eterna, seu pólo oposto, com quem devem permanecer para sempre unidos em espírito, como uma díade, tal como outrora estiveram, unidos, antes da divisão binária".[4]

Podemos verificar, pelo que acabou de ser dito, que uma pessoa só se torna verdadeiramente humana pela união com sua outra metade (i.e., um homem com sua esposa e uma mulher com seu marido). Também podemos perceber que a parceria terrena é o reflexo do amor que existe entre almas gêmeas e certamente não transgride a vontade de Deus. Apenas no Novo Testamento encontramos algumas passagens que, à primeira vista, parecem aconselhar contra o casamento. O Antigo Testamento e os Livros Apócrifos contêm apenas referências elogiosas ao casamento. O versículo 18:22, nos *Provérbios de Salomão*, diz: "Encontrar uma mulher é encontrar a felicidade; é obter um favor de Iahweh".

Um texto apócrifo chamado *O Livro de Sirach* contém a seguinte passagem: "Quem adquire uma mulher tem o começo da fortuna, uma ajuda semelhante a ele e uma coluna de apoio" (36:26). Embora essas sábias palavras sejam dirigidas aos homens, elas se aplicam igualmente às mulheres.

Em geral acredita-se que Jesus nunca se casou, um fato que pode levar alguns cristãos a seguir seu exemplo e concluir (contrariamente à tradição do Antigo Testamento) que o celibato é preferível ao casamento, para aqueles que optaram pelo caminho espiritual. Paulo parece manter essa visão em sua Primeira Epístola aos Coríntios: "É bom ao homem não tocar em mulher. Todavia, para evitar a fornicação, tenha cada homem a sua mulher e cada mulher o seu marido" (7:1-

---

3. Ramala: *Die Weisheit von Ramala* (Munique, 1988), p. 330.
4. Bo Yin Ra: *Das Buch vom Menschen* (Munique, 1920), p. 46.

2). Mas no sétimo versículo do mesmo capítulo, Paulo deixa bem claro que esse conselho representa apenas sua opinião pessoal sobre o casamento e o celibato: "Quisera que todos os homens fossem como sou; mas cada um recebe de Deus o seu dom particular; um, deste modo; outro daquele modo".

Cada um de nós recebeu de Deus alguns dons, nossa missão na vida, nosso destino particular nesta encarnação. Assim, o casamento — ou qualquer outra parceria igualmente íntima — está destinado a algumas pessoas, enquanto outras estão fadadas a permanecerem sozinhas. Estas últimas, embora anseiem por uma relação amorosa duradoura, podem consolar-se com a idéia de que o tempo dessa parceria ainda não chegou. Elas devem cumprir alguma tarefa (dharma), que desempenharão com alegria, sem autopiedade por não terem um companheiro. Se puderem agir assim, novos horizontes lhes serão apresentados no devido tempo. Quando esse tempo chegar, e depois de terem cumprido sua tarefa, o companheiro adequado certamente surgirá. Estar só pode também ter causas kármicas — por exemplo, ter abandonado o companheiro em alguma encarnação passada e agora ter de "fazer penitência" pela crueldade. Devemos entender que *penitência* significa apenas "*repensar nossa situação*".

Divyanand concorda com esse ponto de vista: "Nossa vida é amplamente determinada por nosso karma anterior, por nossas ações durante vidas passadas. Embora tomemos muitas decisões conforme nossa vontade, nossas vidas devem permanecer dentro dos limites de nosso destino, limites esses traçados antes do nosso nascimento e aos quais não podemos escapar. Casar-se ou ficar solteiro é algo que acontece na vida de uma pessoa segundo seu karma e de acordo com a vontade de Deus. Se Deus houver determinado que essa pessoa não se case devido a seu karma ou passado espiritual, em algum momento essa pessoa vai perceber isso por si mesma, em seu interior".[5]

Paulo, que formula seu ponto de vista de maneira bastante incomum, afirma que o único sentido e propósito do casamento é

---

5. Soami Divyanand: *Probleme in der Partnerschaft* (Herrischried, 1991), p. 12s.

evitar a fornicação (Primeira Epístola aos Coríntios 7:2). Desejo deixar bem clara a minha inequívoca discordância em relação a essa visão e afirmar que o sentido e propósito reais do matrimônio não são a satisfação dos desejos sexuais. Como Paulo vê a instituição do casamento apenas como o lugar de satisfação da luxúria, ele prefere ficar sozinho. Paulo deixa isso bem claro quando escreve: "Contudo, digo às pessoas solteiras e às viúvas que é bom ficarem como eu. Mas se não podem guardar a continência, casem-se; pois é melhor casar-se do que ficar abrasado". (Primeira Epístola aos Coríntios 7:8-9)

A relação sexual na Terra segue o modelo da união de duas amorosas almas gêmeas, a qual ocorre em esferas mais elevadas (veja Capítulo 7). O amor sexual não pode ser caracterizado como pecaminoso. É claro que essa declaração pressupõe que ele seja motivado pela única razão adequada — isto é, o desejo mútuo de união física e espiritual que culmina na vontade de nos entregarmos totalmente à pessoa amada e com ela sermos um só por toda a eternidade. Em outras palavras, o fator decisivo é se a motivação para a relação sexual vem do coração ou da genitália. O amor sentido por ambos os parceiros é tão intenso que nada mais desejam que fundir suas almas e corações? Ou são apenas a luxúria e a aparência física que alimentam o desejo de atividade sexual, independentemente da identidade do ou dos parceiros? Podemos concluir que, quando a sexualidade se funda num contexto de parceria harmoniosa e duradoura, a união sexual pode representar um momento culminante dessa ligação. Se, por outro lado, o ato sexual está desvinculado de uma parceria duradoura e acontece apenas para satisfazer desejos físicos, ele não tem valor espiritual e pode ser descrito como pecaminoso.

As idéias de Platão sobre esse assunto concordam com as minhas. Por exemplo, no *Simposium*, Pausânias declara: "Toda ação é da seguinte ordem: quando realizada por si própria não é nem nobre nem vil... Se for executada corretamente, demonstra-se nobre e, se executada incorretamente, desprezível. Assim é, também, no caso do amor e de Eros porque Eros, por si próprio, não é nobre nem merece eulogias, mas apenas se Eros despertar o amor de forma nobre, ele será nobre".

Em momento posterior de seu discurso, Pausânias acrescenta: "Não é nobre ou vil por si só, mas se feito de maneira nobre será nobre e se feito de maneira vil será vil... É o amor pandêmico que não é bom, o amor pelo corpo e não pela alma. Este não é sequer um amor duradouro. Assim que se vai o frescor do corpo — que era o objeto do amor — ele se afasta e bate as asas, sem se lembrar de todos os discursos e promessas. Mas aquele que se apaixona pelo caráter permanece assim por toda a vida, pois está ligado a algo duradouro".

Examinemos com maior atenção as palavras de Paulo nos versículos 27, 32 e 33 do sétimo capítulo da Primeira Epístola aos Coríntios: "Estás ligado a uma mulher? Não procures romper o vínculo. Não estás ligado a uma mulher? Não procures mulher" (7:27). "Eu quisera que estivésseis isentos de preocupações. Quem não tem esposa, cuida das coisas do Senhor e do modo de agradar ao Senhor." (7:32) "Quem tem esposa, cuida das coisas do mundo e do modo de agradar à esposa." (7:33)

Conforme a doutrina das almas gêmeas e do amor espiritual entre homem e mulher, o anseio de uma alma por seu Tu primordial é o anseio mais intenso possível, superado apenas pelo anseio de uma alma por Deus. No *Simposium*, Platão concorda que a alma experimenta um desejo ardente de unir-se à sua outra metade. A Bíblia também reconhece o estranho poder desse desejo que faz que um homem "deixa seu pai e sua mãe e se une à sua mulher e eles se tornam uma só carne" (Gênesis 2:24). A aparente contradição entre esse versículo e o que está escrito na Primeira Epístola aos Coríntios 7:27, na qual se recomenda ao homem não-casado: "não procures mulher", pode ser equacionada quando percebemos que essa passagem significa apenas que nem homens nem mulheres devem desperdiçar suas energias "correndo atrás da felicidade". Isso porque, se fizer parte de nosso destino, o parceiro pré-determinado para esta encarnação (que não é necessariamente nossa alma gêmea) surgirá naturalmente, mais cedo ou mais tarde. Não há necessidade de procurar extensa ou elaboradamente. Por outro lado, podemos buscar intensamente alguém com quem estabelecer relações duradouras mas, se tal parceiro não for compatível com nosso karma nesta encarnação, tal busca não será bem-sucedida. A procura infrutífera por nossa alma gêmea ou qualquer outro parceiro serve apenas para nos desviar de nosso caminho.

O versículo 7:27 da Primeira Epístola aos Coríntios sugere ainda que deveríamos nos satisfazer com o que já temos. Deveríamos aceitar nosso parceiro, nossa posição na vida profissional, nossos bens e assim por diante. As palavras de Paulo também querem dizer que não devemos perder tempo com especulações vãs a respeito de como mudar as coisas. Em vez disso, é mais importante aprender a lidar com as circunstâncias atuais. Todos os nossos desejos não atendidos e nossas insatisfações inúteis causam apenas dores de cabeça, tristeza, insatisfação e sofrimento. Precisamos entender que, seja lá o que for que tenhamos ou que nos falte, tudo é conseqüência do nosso próprio karma. Se não estivermos preparados para aceitar isso nós nos desviaremos facilmente de nosso caminho e ficaremos insatisfeitos e inextricavelmente enredados nos assuntos mundanos.

Os versículos 7:32 e 7:33 da mesma epístola constituem apenas insinuações visto que não é o indivíduo casado, mas aquele sem companheiro, ou aquele que está à procura de um parceiro adequado, que mais provavelmente terá a atenção desviada para os assuntos mundanos, principalmente por estar ansioso por agradar ao sexo oposto. Por outro lado, a pessoa feliz no casamento, que encontrou seu parceiro para toda a vida, está livre desse peso e pode concentrar suas energias na busca do caminho espiritual. Claro que na tentativa de refutar as insinuações de Paulo, estamos apenas trabalhando com suposições: que aquele que não tem parceiro está procurando por um e, além disso, que aqueles que vivem como casais dedicaram-se ambos à busca da realização espiritual. Deve ficar claro, portanto, que os versículos bíblicos não são igualmente significativos, embora alguns cristãos "aferrados à Bíblia" — que se apegam dogmaticamente a leituras literais e não conseguem alcançar o significado mais profundo por trás das palavras — possam nos levar a acreditar no contrário. O que Paulo está tentando dizer aqui é o seguinte: um homem (ou mulher) casado tem maior probabilidade de se ocupar com assuntos mundanos em função de seus deveres e responsabilidades para com sua família; uma pessoa solteira é responsável apenas por si própria e perante Deus e, conseqüentemente, é menos provável que ela se veja envolvida por assuntos mundanos. Vimos, contudo, que como todos esses argumentos são baseados em pressupostos sem comprovação, eles não servem de base para conclusões universalmente válidas e, assim sendo, de forma alguma maculam ou diminuem o valor do matrimônio espiritual.

As palavras de Jesus, no evangelho segundo são Mateus 19:12 (citado anteriormente) e também na Primeira Epístola aos Coríntios em 7:27, querem dizer que não devemos permitir que nos distraiamos com assuntos terrenos. Uma parceria terá sempre um componente mundano em todos os casos em que uma pessoa mais voltada para a vida espiritual tiver um companheiro mais ligado às coisas terrenas, pois ela não poderá preencher seu anseio por Deus do mesmo modo que se fosse solteira ou se seu parceiro estivesse, tal como ela, interessado pela vida espiritual. O parceiro mais voltado para as coisas mundanas pode constituir uma carga para seu companheiro e atrasar seu progresso espiritual. Contudo, se duas pessoas se encontraram porque partilham o mesmo karma, uma influência positiva pode fluir do parceiro mais espiritualizado para seu companheiro mais ligado aos aspectos terrenos.

A recomendação para não se casar é certamente motivada pelo fato de — nos tempos bíblicos tanto quanto hoje — as pessoas dificilmente distinguirem entre amor e paixão. Elas sempre tenderam a serem indulgentes com suas paixões em vez de levarem uma vida de amor genuíno, livre de egoísmo, ciúme e outros vícios semelhantes. A espiritualidade de ambos os parceiros é elemento essencial da *parceria dual*. O casamento pode apenas atingir seu verdadeiro objetivo quando a relação marital é conduzida de forma espiritualizada — quer dizer, quando é voltada para Deus, para o progresso espiritual de cada um dos parceiros e para o benefício da comunidade. Uma vez que as pessoas espiritualizadas que se dedicam a Deus foram sempre poucas e estão dispersas, as palavras de Mateus em 19:12 têm a intenção de alertar os indivíduos mais voltados para o espírito, e que não estão casados, que sua busca de um parceiro adequado (ou talvez até mesmo de um companheiro "imaginário") tende a dissipar desnecessariamente suas energias e desviá-los de sua busca por Deus e pelo propósito da vida. Apenas uma parceria espiritual tem valor. Qualquer outra forma (e, infelizmente, há muitas delas) é menos interessante do que permanecer solteiro. Claro que o não casar-se somente faz sentido quando a pessoa dedica-se a buscar o caminho espiritual.

A relação ideal é aquela que se estabelece entre dois parceiros espiritualizados que, ao viverem juntos, dedicam suas vidas a Deus, apoiando-se e encorajando-se em seus caminhos espirituais. Uma parceria assim é extraordinariamente valiosa do ponto de vista espiritual, pois fortalece cada um dos cônjuges para a conquista do progresso do espírito, mais do que se tivessem de trilhar esse caminho sozinho. Como já expliquei em meu comentário do Gênesis 2:24, com referência às conclusões dos Vissells, a sinergia entre duas energias criativas, em inter-relação harmônica, é muito maior do que a soma de duas partes. Como vimos, o ceticismo de alguns versículos bíblicos com relação ao casamento refere-se sobretudo à parte sexual do casamento. Se considerarmos esses mesmos versículos bíblicos à luz de uma parceria espiritualizada, onde a sexualidade não é motivada pela luxúria mas surge como parte integrante de uma relação harmônica, então o casamento assume uma qualidade totalmente diferente. Os autores da Bíblia certamente concordariam que tal matrimônio é benéfico. Idealmente, ambos os parceiros devem estar envolvidos na busca espiritual e nenhum deles deve se sentir limitado em seu desenvolvimento ou dependente do companheiro. Uso a palavra "dependente" neste contexto para descrever uma situação em que ambos os parceiros precisam do amparo um do outro e não saberiam viver por conta própria: e na qual cada um deles se sente "sem valor" porque um vácuo se cria no instante em que um deles se ausenta. A dependência negativa é muito mais aguda quando a ausência de um dos parceiros é permanente, em função de separação, divórcio ou morte.

Quando um dos cônjuges morre, é natural que seu parceiro sinta falta do amado e vivencie um grande pesar. Em tais ocasiões, deveríamos nos lembrar que tudo que nasce está fadado a morrer, que a morte não é incomum nem extraordinária, que morrer é como adormecer e que a vida continua para cada um de nós. Sentir dor profunda, após a morte do parceiro, não significa que houvesse, necessariamente, uma ligação intensa e, além disso, quando o luto rouba ao cônjuge que ficou na terra, a vontade de viver, ele se torna mórbido. Shakespeare expressa isso de maneira eloqüente em *Romeu e Julieta* (III,v.): "Um certo pesar demonstra muito amor, mas um luto exagerado é sinal de falta de sagacidade".

Uma outra questão interessante, no âmbito da doutrina das almas gêmeas, refere-se à natureza dos anjos. Em comentários escritos por teólogos cristãos, lemos freqüentemente que os anjos são partes de Deus e membros de sua família, no mais verdadeiro sentido. Eu gostaria de considerar duas outras possibilidades, uma vez que essa descrição não é absolutamente adequada aos nossos propósitos. Para isso, devemos ter em mente que o amor é o primeiro mandamento de qualquer religião e é, em última análise, uma dádiva universal que qualquer ser humano ficaria felicíssimo em receber. Portanto, devemos também considerar que as almas redimidas vivenciam o amor em sua expressão mais elevada. Esse amor pode ser a afeição partilhada entre almas gêmeas — que, como anjos, se tornam mais uma vez uma entidade de duplo sexo masculino-feminino (veja Capítulo 7), ou pode ser o amor vivido pelos anjos assexuados, como os seres mais próximos de Deus e por Ele amados.

Na primeira alternativa, os anjos representariam a união de homem e mulher na entidade única que eles eram no princípio (Gênesis 1:27), antes que as metades fossem separadas (Gênesis 2:22). De acordo com essa teoria, as almas redimidas não precisariam mais casar-se, pois Deus já teria juntado as duas partes num todo. Essa unificação, realizada por Deus com o consentimento das almas gêmeas, constitui um processo diferente daquele que ocorre no casamento mundano. Como a morte põe um ponto final nas parcerias terrenas (o que não significa, necessariamente, que essas entidades não se encontrarão após a morte ou em suas próximas encarnações) e como os matrimônios mundanos podem ser dissolvidos pelo divórcio, vemos que a união das almas gêmeas é um processo muito mais amplo. Uma vez unidas, elas não poderão — e nem quererão jamais se separar. Em vez disso, sentem imensa felicidade por voltarem a ser uma única entidade e, em seu íntimo, estão suficientemente evoluídas para saber que nunca mais terão de suportar os sofrimentos que experimentaram durante sua passagem pela matéria, quando ficaram a maior parte do tempo separadas. Segundo o Zohar, apenas este humano *completo*, que é simultaneamente masculino e feminino, merece ser chamado de "humano", no sentido pretendido pelo Gênesis 1:27, onde podemos ler que os seres humanos foram criados "homem e mulher". Nesse contexto, *ser inteiro* não significa que dois seres foram unidos de maneira que ambos perdessem sua individualidade, mas sim que eles se fundiram para tornar-se *como um só*. Continuam sendo dois seres, mas vivenciam a si próprios como *uma unidade*.

Os trabalhos de Swedenborg confirmam essa teoria. Ele conta que, durante uma de suas viagens espirituais ao plano astral, um anjo, acompanhado por sua alma gêmea, lhe disse: "Nós somos um, a minha vida é a dela e a dela é a minha. Somos dois seres, mas uma única alma".[6] É por isso que no céu "não nos referimos aos cônjuges como dois anjos, mas apenas um".[7]

Essa teoria é corroborada ainda tanto pelo sistema gnóstico de Markos quanto pelo Corão. O Sura 81:8 traz a seguinte frase, numa passagem a respeito do fim do mundo: "Quando as almas se fundirem aos corpos". Essa é uma afirmação muito significativa a respeito da reunificação — temporal e evolucionariamente determinada — das almas gêmeas. O sistema gnóstico de Markos faz referência a algo semelhante: "Os redimidos deitam-se, apartados de suas almas... são erguidos, levados à câmara nupcial e entregues aos seus amados".[8]

---

6. Swedenborg/Gollwitzer: *Der Mensch als Mann und Weib* (Zurique, 1973), p. 118.
7. *Ibid.*, p. 180.
8. Hans Leisegang: *Die Gnosis* (Stuttgart, 1985), p. 349.

Emanuel Swedenborg descreve com as seguintes palavras o mundo dos anjos: "O objetivo da criação do universo é permitir que haja um céu perfeitíssimo (i.e., um reino de autênticos seres complementares, de humanos genuínos [no sentido do Gênesis 1:27], dos quais o céu é formado). A raça humana é a sementeira do céu".

Contudo, Emanuel Swedenborg não conhece tudo a respeito do mundo espiritual. Embora diga que Deus pode reunir duas almas compatíveis e que este é o objetivo do esforço humano para atingir a perfeição, ele parece não perceber que essas almas irmanadas já formaram no passado uma única entidade e que cada uma delas veio originalmente dessa entidade una primordial (a menos que estejamos diante de uma união karmicamente determinada e não testemunhando a união de duas almas que pertencem uma à outra desde o princípio dos tempos). Também vale a pena mencionar, como prova de seu conhecimento incompleto, o fato de que ele nega a reencarnação e afirma que as almas dos animais se extinguem após sua morte física. Devemos ler seus trabalhos sem preconceito, principalmente porque soam razoáveis e esclarecedores, mas de forma alguma devemos tomá-los como verdades absolutas, sem antes submetê-los a uma rigorosa análise.

Isso nos leva a um princípio espiritual que Buda expressa de maneira bastante convincente: "Não acredites naquilo que apenas ouvistes dizer, nem tampouco nas tradições, simplesmente porque elas são antigas e chegaram até nós através de várias gerações...O que estabelecestes por meio de tua própria experiência, pesquisa, raciocínio, e o que serve ao seu próprio bem-estar e ao de seres sensíveis: apenas isso deves aceitar como verdade, e viver segundo ela".[9]

Prabhupada concorda com Swedenborg a respeito dos anjos: "Há beijos e abraços no mundo espiritual, mas não há satisfação dos sentidos como no mundo material".[10]

---

9. Swedenborg/Gollwitzer: *Der Mensch als Mann und Weib* (Zurique, 1973), p. 35s.
10. A.C.B.S. Prabhupada: *Krsna, the Supreme Personality of Godhead* (Bhaktivedanta Book Trust, 1997).

É provável que o princípio seja sempre semelhante ao fim. Esse paralelismo nos leva a indagar a respeito da natureza do estado angélico celestial. Supondo que o primeiro humano foi criado como um ser andrógino (veja Gênesis 1:27), que reunia o masculino e o feminino numa única entidade, devemos considerar o humano primordial como a mais antiga figura da qual existe testemunho bíblico. Mas não é verdade que tudo que foi um dia criado deve um dia morrer, mesmo que tenha uma longa vida? De acordo com a Bíblia, um ser humano andrógino foi criado. Então devemos nos perguntar: a partir *do quê* ele foi criado? O primeiro hermafrodita surgiu de uma figura masculino-feminina nunca antes criada — e portanto eterna — ou surgiu de uma entidade assexuada? Ou o primeiro humano foi gerado de alguma outra maneira? O estado final é igual ao estado primordial, tal como aquele que existia antes da criação do hermafrodita descrito no Gênesis 1:27? Por que a Bíblia não nos conta nada sobre esse estado anterior? Ou o estado final da humanidade é igual àquele do primeiro hermafrodita? Esse ser andrógino não sofreria e definharia devido à solidão? Ou seria o estado final o mesmo que aquele existente antes da divisão binária: um estado de genuína complementaridade, onde as partes existiriam uma para a outra? Afinal de contas, essas entidades devem ter vivido felizes juntas antes de pecarem.

A primeira hipótese pressupõe a união de dois seres — um masculino e um feminino — num único ser andrógino (como no Gênesis 1:27) ou, ainda, uma entidade complementar (como no Gênesis 2:18). No parágrafo anterior deixei sem resposta algumas questões que levantam dúvidas sobre a correção dessa hipótese. A partir de qual substância esse ser andrógino (Gênesis 1:27) foi criado? Foi gerado segundo qual modelo? Infelizmente, não posso responder a essas perguntas e, no melhor dos casos, poderia apenas levantar mais hipóteses — tarefa que acredito ser melhor deixar de lado. Podemos, contudo, estar certos de que o afastamento dos fenômenos mundanos é o objetivo da vida, tanto para o cristianismo quanto para o hinduísmo ou o budismo. Essa rejeição das preocupações com aquilo que é terreno inclui especificamente nos afastarmos de nosso companheiro. Em

Lucas 18:29-30, Jesus diz: "Em verdade eu vos digo, não há quem tenha deixado casa, mulher, irmãos, pais ou filhos por causa do Reino de Deus, sem que receba muito mais neste tempo e, no mundo futuro, a vida eterna".

É natural que perguntemos como o fato de deixar nossa família, por quem somos responsáveis, poderia ser a expressão da vontade divina. Aqui, novamente, surge uma questão que não posso responder. Posso apenas imaginar que alguém que tenha chegado até esse ponto da trajetória espiritual saiba, instintivamente, que Deus cuidará de sua família. Quero enfatizar que não é absolutamente necessário deixar realmente a família. O versículo que estamos analisando aqui não diz que devemos abandonar nosso lar e nossa família mas, simplesmente, que devemos dar maior importância a Deus do que a nossa família e devemos amá-Lo mais profundamente do que a ela. Jesus explica: "Aquele que ama pai ou mãe mais do que a mim não é digno de mim. E aquele que ama filho ou filha mais do que a mim não é digno de mim" (Mateus 10:37). Uma parábola pode nos ajudar a compreender essa mensagem de maneira mais clara. Suponha que um homem casou-se com uma mulher que constantemente pede conselhos à mãe e que os segue à risca, contrariando os desejos do marido. É óbvio que, num caso como esse, a mulher sente-se mais próxima da mãe do que do marido. Ela "não cortou o cordão umbilical" que a une à mãe e, conseqüentemente, não pode ser uma companheira adequada para o marido. Ela não precisa rejeitar a mãe ou cortar todos os laços com ela. Simplesmente, do mesmo modo que esta mulher precisa afastar-se de sua mãe e voltar-se para o marido, nós também devemos nos afastar de nossa família e voltar nossa atenção para Deus.

Se adotarmos essas noções religiosas a respeito de nos desligarmos de nossa família ou abandonarmos nosso lar — ou pelo menos nos afastarmos interiormente de nossa família por amor a Deus — seremos levados a acreditar que a reunificação com Deus é o único objetivo da alma. A dissolução de todos os laços familiares, incluindo aqueles com nossa esposa ou companheira, soa quase como uma contradição à doutrina das almas gêmeas. Sabemos com certeza, em função da nossa discussão anterior, que as almas gêmeas existem. Mas seria verdade, apesar disso, que as almas gêmeas já não mais existem quando as entidades finalmente retornam ao nirvana? As entidades abandonariam tudo — incluindo a alma — antes de atingirem o último estado? Tendo em vista que a alma não tem sexo e que o Ser (o espírito de Deus) que a anima é certamente assexuado (ou melhor, representa a união latente dos dois sexos no seu interior) parece provável que, se seguirmos essa teoria até sua conclusão lógica, o Ser não precisaria mais de nenhuma ligação entre as almas gêmeas. Uma vez que cada entidade (i.e., cada Ser) é completa em si, pareceria que a polaridade masculino-feminino está ativada apenas no âmbito de nossa limitada consciência.

Temos certeza de que a alma não tem um sexo permanente e que ela assume livremente corpos de diferentes sexos ao longo das diversas encarnações. Por essa razão, as pessoas que concordam com o princípio *evolutivo* (veja explicação no capítulo anterior) argumentam que o ser humano perfeito não é nem um homem nem uma mulher, mas uma pessoa que une harmoniosamente ambos os princípios, masculino e feminino, num corpo. De acordo com os defensores do princípio evolutivo, essa união transcendental das características dos sexos é o objetivo de toda evolução. Se nos orientarmos por essa tese (que declara que o vínculo eterno entre as almas é ilusório), podemos propor a hipótese a seguir, como uma alternativa à primeira teoria.

Antes de mais nada, devemos deixar de lado a idéia de que a vida não vale a pena ser vivida se dela não fizer parte o amor entre homem e mulher. Esse é um conceito difícil de ser absorvido por nossa mentalidade mundana, pois esse tipo de afeição representa para nós a felicidade máxima, mesmo que saibamos que o amor terreno tem alguns aspectos negativos — e, freqüentemente, mais do que apenas alguns. Se não houvesse esse tipo de afeto entre homem e mulher, haveria um outro, muito mais valioso e cheio de júbilo, para substituí-lo. Tal amor é concebível dentro dessa hipótese, porque a alma é a *amada de*

Deus e a alegria propiciada por Seu amor excede, em muito, a dos prazeres transitórios de uma relação de qualquer outra natureza.

Quando uma pessoa é atraída para os braços de Deus, tão acolhedores que é impossível descrevê-los, experimenta a maior das bem-aventuranças. Essa alegria é infinita, pois não tem limites temporais. Nada, a não ser uma nova perda da graça, poderia pôr fim a ela. Entretanto, como mencionei anteriormente com relação às almas gêmeas, seria impensável cair novamente em pecado, pois apenas as almas redimidas alcançam o nirvana — e todas elas sabem que o amor terreno é, afinal, ilusório. Elas deixaram para trás a dualidade do mundo material e o sofrimento associado a ela. É pouco provável que as almas redimidas corram novamente o risco de cair na dualidade, pois sabem tudo isso. Esse ponto de vista é corroborado pela concepção de Buda e pela filosofia hinduísta: "Para aquele que alcançou o nirvana, não há mais retorno ao mundo material". A diferença entre a perda da graça e o risco, puramente teórico, de cair novamente em pecado é que as entidades que cometeram o pecado original, tal como descrito na Bíblia, não aprenderam a diferenciar entre o *bem* e o *mal*. Esse não é o caso das entidades que posteriormente alcançaram a redenção. Essas têm uma percepção bastante ampla e cuidam para não repetir o mesmo grave erro, especialmente porque sabem, pela própria experiência, que o sofrimento decorrente do pecado é terrivelmente intenso e prolongado.

O amor acolhedor de Deus (que descrevi nos parágrafos anteriores) permite que as almas (ou seja lá qual for o nome escolhido para denominar as entidades redimidas) vivenciem a maior das bem-aventuranças. Essa alegria é de tal maneira prazerosa que elas desejam mantê-la para sempre. No amor de Deus não há nenhuma tristeza, discórdia ou desventura. As entidades redimidas estão de tal modo plenas do amor divino, que não têm razão para sentir ciúmes ou para duvidar da justeza desse amor. De fato, tais entidades redimidas já estão totalmente libertas de fraquezas humanas, tais como o ciúme ou a dúvida. A plenitude da alegria que experimentam é indescritível; nossa mente limitada é incapaz de concebê-la. Enquanto permanecemos presos ao nosso corpo, não podemos jamais ser totalmente livres e, conseqüentemente, não podemos desfrutar a onisciência e a onipotência. À medida que avançamos por esferas mais espirituais, aumenta nossa sensação de bem-estar, segurança e satisfação.

Divyanand confirma essa hipótese, que propõe a união das almas com a divindade, com as seguintes palavras: "Separar a alma ou a consciência de um ser humano do corpo, para transportar esta alma para o reino espiritual e levá-la de volta a Deus — essas não são tarefas que uma esposa terrena possa realizar. Elas só podem ser executadas pelo cônjuge divino — a luz das revelações divinas".[11]

As duas hipóteses mencionadas anteriormente — se as almas gêmeas se fundem entre si ou com Deus — são questionáveis, pois são contraditórias. Uma terceira possibilidade seria conciliar as duas hipóteses: as almas gêmeas se fundem e ao mesmo tempo são absorvidas pelo amor de Deus. Essa terceira hipótese afirma a *trindade* da criação. Assim como os casais terrenos se dedicam à criação de um terceiro ser, na forma de um filho, também os parceiros espirituais consumam sua união fundindo-se entre si e com Deus.

Precisamos decidir qual dessas três hipóteses é verdadeira. Depois de considerar este assunto por muito tempo, creio que apenas a terceira hipótese pode estar certa. Explicarei a seguir minhas razões para esta afirmação.

Se a primeira hipótese fosse verdadeira, isso significaria que todas as afirmações decorrentes da segunda hipótese seriam necessariamente falsas? Inversamente, se a segunda hipótese fosse verdadeira, todas as conclusões baseadas na primeira hipótese seriam necessariamente falsas? Mas, ambas as hipóteses não são incompletas? Portanto, a terceira hipótese deve ser a correta, porque reúne e concilia as duas hipóteses consideradas. A primeira delas está correta em sua descrição da fusão das almas gêmeas (a união dos aspectos masculino e feminino), mas está incompleta porque não inclui, explicitamente, a fusão des-

---

11. Soami Divyanand: *Probleme in der Partnerschaft* (Herrischried, 1991), p. 4s.

sas almas com Deus. A segunda hipótese apresenta falhas semelhantes: também é parcialmente correta mas incompleta pois, embora descreva a fusão das almas com Deus, não discute a fusão das almas entre si. Conseqüentemente, ignora o retorno ao estado holístico do ser, desfrutado pelo humano hermafrodita original antes de sua divisão, tal como descrito no Gênesis 2:21ss.

A terceira hipótese retifica os erros das duas primeiras e as complementa de uma maneira próxima da ideal. Ela confirma a idéia de um paralelismo essencial entre o princípio e o fim e sugere um processo que se desenvolve em direção inversa àquela descrita no Gênesis 1:27 e 2:21ss, onde se conta a história da criação da humanidade. O ser holístico masculino-feminino emanou primeiro de Deus (Gênesis 1:27) e depois dividiu-se em dois sexos (Gênesis 2:21ss). As fases do retorno ao nirvana ocorreriam em ordem exatamente inversa: as entidades superariam primeiro as diferenças entre os sexos, pela reunificação de cada entidade com sua alma gêmea, após o que os seres masculino-femininos recém criados se uniriam a Deus, na assim chamada *unio mystica*.

O fato de que uma determinada alma já atingiu um elevado estágio de evolução espiritual não significa que encontrará sua alma gêmea durante sua encarnação terrena. Mesmo uma alma espiritualmente desenvolvida pode ter de esperar até que suas próprias energias, e as de sua outra metade, estejam liberadas. Essa libertação ocorre quando as almas abandonam os corpos por ocasião da morte. Essas mortes podem ocorrer simultaneamente, porém em diferentes locais na Terra. Uma vez libertas de seus corpos físicos, as almas gêmeas podem se encontrar no plano astral, às portas do céu, onde então se fundem e entram, finalmente, no nirvana como uma única entidade.

Para concluir nossa discussão sobre essas três hipóteses e para dar ainda maior ênfase à terceira delas, devemos lembrar que as afirmações de Jesus, em Lucas 20:34-36, não confirmam nem negam a doutrina das almas gêmeas. Devemos também considerar que Jesus nunca negou a idéia de que homem e mulher surgiram de uma cisão binária de um hermafrodita originalmente holístico (tal como descrita no

Gênesis). Levando em conta as outras tradições (i.e., o Zohar, o *Simposium* de Platão e os vários mitos que discutimos no Capítulo 2), podemos concluir que a doutrina das almas gêmeas não está equivocada. É claro que algumas pessoas crêem que a narrativa bíblica da divisão do primeiro humano não se refere à criação do homem e da mulher *per se*, mas que ela deve ser entendida alegoricamente como a descrição da criação do ser humano *interior* e *exterior* (ou *astral* e *físico*). Embora essa interpretação alegórica tenha seus méritos, ela não pode explicar a criação da mulher como uma conseqüência direta da percepção de que "não é bom que o homem esteja só. Vou fazer uma auxiliar que lhe corresponda" (Gênesis 2:18).

Nossa discussão neste capítulo foi um pouco além do que eu gostaria, pois quero deixar meus comentários sobre o nirvana para o Capítulo 8. Neste capítulo, vou restringir-me a comentar sobre a natureza dos anjos (i.e., a suprema e duradoura constituição dos seres vivos).

Num certo sentido, as palavras de Jesus em Lucas 20:35-36 referem-se ao plano astral onde as almas habitam durante o intervalo entre as encarnações. Nele também não existe o matrimônio, embora possamos pressupor que as almas se ligam afetivamente umas à outras, conforme discutimos em relação à primeira hipótese sobre o mundo dos anjos. No plano astral não existem relações sexuais nem reprodução pois, se as almas imortais se multiplicassem, a quantidade delas aumentaria infinitamente.

É provável que Emanuel Swedenborg tenha realmente penetrado no reino astral e que suas afirmações (que discuti neste capítulo) se originem de fato de testemunhos oculares a respeito daquela região. Mas Swedenborg parece não ter consciência do nirvana, pois esse conhecimento é reservado àqueles seres plenamente evoluídos, que atingiram a perfeição.

Para encerrar este capítulo eu gostaria de discutir brevemente a natureza do plano astral.

Sabemos que, logo após a nossa morte, as pessoas a quem amamos na Terra e que morreram antes de nós vêm nos encontrar e recepcionar. Em muitos casos, aquele que parte enxerga um ser de luz. Essa figura radiosa é freqüentemente identificada com Jesus Cristo. Convido os leitores interessados numa discussão mais detalhada sobre esse assunto a consultarem os trabalhos de Raymond A. Moody e Elisabeth Kübler-Ross.

Um texto budista descreve experiências pós-morte da seguinte maneira: "Quando o viajante retorna em segurança à sua casa, após longa viagem, os parentes e amigos o saúdam com alegria. Do mesmo modo, quando uma pessoa que viveu de modo correto chega ao céu, é saudada por suas próprias boas ações, tal como os parentes saúdam um amigo querido".[12]

A Bíblia também traz uma série de indícios sobre o mundo que nos espera após a morte. Aqui, entretanto, mencionarei apenas a bem conhecida história do homem rico e do mendigo Lázaro, pois ela lança luz sobre as diferenças entre o mundo inferior (material) e o plano etéreo (astral). Este relato bíblico (veja Lucas 16:19ss) fala sobre dois homens: um rico que "se vestia de púrpura e linho fino e cada dia se banqueteava com requinte" e um mendigo chamado Lázaro que, com o corpo miserável coberto de feridas, jazia à porta do homem rico e implorava "para que lhe dessem as migalhas que caíam da mesa do rico senhor". Quando o homem pobre morreu, ele "foi levado pelos anjos" e colocado "junto de Abraão". O homem rico, por outro lado, foi para o inferno e, em meio a seus tormentos, viu "de longe Abraão com Lázaro ao seu lado. Ele exclamou: "Abraão, meu pai, tem compaixão de mim e manda que Lázaro venha molhar a ponta do dedo na água para me refrescar a língua, pois eu sofro um suplício nestas chamas". Abraão, porém, disse: "Filho, lembra-te de que recebeste teus bens durante tua vida, e Lázaro por sua vez os males; agora, porém, ele encontra aqui consolo, e tu és atormentado".

De acordo com essa história, parece inteiramente possível que alguém que passe a vida desejando ardentemente um verdadeiro amor mas que nunca encontre essa tão ansiada alma gêmea, possa final-

---

12. Maurice Walshe (trad.): *The Long Discourses of the Buddha* (Wisdom Publ., 1996).

mente unir-se a ela após a morte e, como Lázaro, desfrutar as bênçãos de incomensurável felicidade no pós-vida.

Swedenborg concorda com isso, conforme podemos verificar pela seguinte passagem: "Sabemos que durante a vida terrena nem todos encontram o parceiro certo ou aquele companheiro a quem está verdadeiramente ligado por laços espirituais". O que mais importa, para Swedenborg é "que o homem sabe qual é o verdadeiro objetivo da vida, que ele ansia por esse objetivo e que não desperdiça suas energias desejando uma relação terrena, pois sabe que, nem ele como um homem só, nem ela como uma mulher só, poderão jamais ser um ser humano completo".[13]

---

13. Swedenborg/Gollwitzer: *Der Mensch als Mann und Weib* (Zurique, 1973), p. 106.

6. Contos e Parábolas

Este capítulo traz contos que descrevem o amor entre almas gêmeas ou, pelo menos, que são característicos desse tipo de amor. No final do capítulo incluí duas parábolas que esclarecem a essência das almas gêmeas.

Peter Ibbetson

O escritor e caricaturista inglês George Du Maurier — avô da escritora Daphne Du Maurier — nasceu em Paris em 6 de março de 1834 e morreu em 8 de outubro de 1896, em Londres. Escreveu, entre outros trabalhos, *Peter Ibbetson*, romance que descreve de maneira extraordinária o amor que une um casal cujas almas eram gêmeas. Vou contá-lo detalhadamente, antes de mais nada porque o livro é difícil de encontrar e está esgotado (sua última edição data de 1963 pela The Heritage Press, Nova York) e também devido à profundas revelações esotéricas que contém, não apenas com relação a almas gêmeas. Além disso, acredito que esse romance, tão interessante e infelizmente bastante esquecido, é um excelente exemplo do assunto que estamos tratando.

A história começa em Passy, subúrbio de Paris, durante o século XIX. Uma garotinha chamada Mimsey Seraskier e um menino de nome Pierre Pasquier de la Marière, apelidado "Gogo", moram no mesmo bairro. Como as famílias vivem próximas, é natural que as crianças passem muito tempo brincando juntas, e ambos têm uma infância muito feliz. Após a morte prematura dos pais de Pierre, um certo coronel Ibbetson (parente da mãe do garoto) leva-o para Londres e a partir daí os caminhos de Mimsey e Pierre se separam. O menino adota o sobrenome da família do tio e passa a chamar-se Peter Ibbetson.

Anos depois, Peter encontra uma jovem numa festa e, partir daquele momento, sua vida se transforma. Peter percebe que a estranha indaga sobre ele aos donos da casa e, igualmente, pergunta a um tímido jovem que, como ele estava só, quem era a misteriosa mulher. O rapazinho solitário informa que ela é a "Duquesa das Torres". Peter imagina que jamais verá tão bela duquesa novamente e que não haverá oportunidade para conhecê-la, mas a flecha de Cupido o atingiu profundamente e ele sabe que ela seria a mulher ideal para sua vida solitária. Durante as semanas seguintes, lembranças da Duquesa das Torres dominam sua vida. Dia após dia, a visão do rosto da duquesa se mantém presente em seus pensamentos.

Algum tempo depois, Peter viaja a Paris para uma rápida visita e revê com nostalgia lugares familiares de sua infância. Pela janela vê de relance a Duquesa das Torres e o olhar dela o ilumina como um raio de sol.

Naquela noite, Peter adormece com a lembrança de cada detalhe da face resplandecente da duquesa e tem um sonho, que marca o início da primeira fase de sua verdadeira vida interior. Nesse sonho, ele encontra a misteriosa duquesa, que se dirige a ele de maneira afetuosa: "Dê-me sua mão", diz ela, "e junte-se a mim". Peter imediatamente percebe que este não é um sonho comum, mas algo miraculoso e até então desconhecido, que transcende qualquer outra experiência que ele jamais havia tido em sua vida terrena.

Quando Peter desperta, sente-se como se ainda estivesse sonhando! Na verdade, parece *não estar acordado!* Lembra-se de cada detalhe do sonho. Sabe que um sonho comum é cheio de interrupções e que em geral se desvanece em pouco tempo, deixando apenas uma vaga memória do que foi sonhado. Relembra o "sonho" que acabara de ter e percebe que nele não há imperfeições; pelo contrário, é como se durante o breve intervalo em que a duquesa segurara sua mão, ele tivesse absorvido toda a sua vida para dentro dele.

Peter retorna a Londres, mas sente que sua vida se transformou completamente. O dia de trabalho comum parece irrelevante como um mero sonho. Todo o seu ser está tomado pela memória da Duquesa das Torres que acendera em seu interior uma chama e harmonizara sua alma com ele próprio e com toda a humanidade. Peter sente que sua verdadeira vida só começa quando se deita à noite e prepara-se para seus sonhos. Logo percebe que nenhum afeto em sua vida de vigília é tão intenso quanto essa ligação e que nenhuma das impressões do dia pode ser tão forte e plena quanto aquelas que ele experimenta durante seus sonhos tão vívidos. Os encontros noturnos com a Duquesa das Torres transformam-se numa outra existência dentro da vida de Peter.

Pouco tempo depois, ele é novamente convidado à casa de Lady Cray e, lá chegando, vê de relance a Duquesa das Torres pela terceira vez. Pergunta a seu vizinho de mesa qual era o nome de solteira dela. "Ela se chamava Senhorita Seraskier. Moram em algum lugar nas proximidades de Paris. Foi lá que a Senhora Seraskier, sua mãe, morreu de cólera." Peter Ibbetson quase desfalece. Pergunta-se como pudera não ter percebido que aquela encantadora jovem era ninguém menos que sua amiguinha de infância Mimsey. Durante o resto do jantar evita olhar para ela mesmo que rapidamente.

Na manhã seguinte, quando Peter revê a Duquesa, ela lhe diz que embora soubesse que seu nome era Sr. Ibbetson, ainda assim ele lhe recordava um garotinho francês que ela conhecera em sua infância. Peter revela que de fato, há muitos anos, ele havia sido aquele garotinho. Ela pergunta a ele qual era o seu nome naquela época e, quando ele o revela, a duquesa empalidece e todo o seu corpo começa a tremer. Peter então conta a ela sobre seu primeiro sonho e eles percebem que ambos haviam sonhado a mesma coisa. Mary* começa a sentir-se insegura e ansiosa: "É melhor nos separarmos agora", diz, "não sei se devemos nos encontrar novamente. Vou despedir-me e deixá-lo. Acho que é preferível assim. Talvez seja melhor que nos afastemos definiti-

---

* A partir daqui o autor passa a chamar a personagem pelo nome de Mary (N. da T.).

vamente. Tenho pensado muito no senhor e sempre pensei... Lembraremos sempre um do outro, isso é inevitável, *mas nunca, nunca sonhe*...Caro Sr. Ibbetson, desejo-lhe todo o bem que alguém pode desejar a outrem. Agora adeus, e que Deus o abençoe!" A luz se apaga na vida de Peter e ele fica sozinho novamente — mais miserável e digno de pena do que se nunca houvessem se encontrado.

Embora separados desde a infância, nenhum dos dois se esquecera do outro e nesse momento percebem que um vínculo extraordinário os unia. Essa experiência é tão inusitada que eles não podem deixar de pensar um no outro enquanto suas vidas, sentidos e memória existirem. Estão cada vez mais conscientes um do outro, mais do que qualquer outro ser humano desde o princípio dos tempos. Mesmo assim, tudo se passa como ela previra. Depois desse encontro final, eles nunca mais se vêem, nem na vida de vigília nem nos sonhos, embora anseiem um pelo outro.

Passa-se um ano e uma terrível catástrofe abate-se sobre a vida de Peter. Discutindo com o tio, Peter o mata acidentalmente. É condenado por assassinato e sentenciado à prisão perpétua. Sentindo que deve explicar à Duquesa das Torres o que havia sucedido, ele começa a lhe escrever uma carta, mas adormece. E assim começa uma outra fase de sua vida interior. Mais uma vez ela aparece em seu sonho. Enquanto segura as mãos dele entre as suas, o olhar da duquesa contempla o âmago do coração de Peter e, finalmente, ela diz: "Não compreendo como o senhor está presente em meu sonho, pois costumo sonhar quase sempre com o que acontece na realidade... Mas é ainda um mistério a razão pela qual duas pessoas devam se encontrar como fazemos agora, partilhando o mesmo sonho. Como é intensa a ligação entre nós Sr. Ibbetson!" E, para provar que sonham o mesmo sonho, ela promete enviar-lhe uma carta para a prisão. No dia seguinte, ele realmente recebe a correspondência prometida e a partir de então, durante muitos anos, continuam a se encontrar em sonhos quase todas as noites.

O que Peter e Mary partilhavam eram mais do que simples sonhos. Seus encontros, embora incorpóreos, eram a quintessência de suas vidas. A realidade da ligação entre eles era completa e abrangente. Como nozes dentro de uma mesma casca, eles estavam mais intimamente ligados que qualquer outro casal, pois as vidas individuais são sempre isoladas em suas próprias conchas Embora Peter e Mary tenham envelhecido, em seus sonhos permaneceram eternamente jovens, como se tivessem sempre 28 anos. O tempo passou para eles na vida de vigília como para todas as outras pessoas mas, como sua atenção estava tão focalizada em seus sonhos, eles pouco se deram conta dessa passagem inexorável.

Finalmente acontece o inevitável — Mary morre. Peter decide deixar-se morrer de inanição e recusa todo o alimento, pois a morte de Mary tirara dele todo o desejo de viver. E ele também não quer sonhar jamais. Entretanto, apesar dessa resolução, uma noite ele sucumbe a um estranho e nostálgico desejo. Anseia por visitar em sonho, uma vez mais, os lugares de sua infância. Adormece e sonha novamente, mas agora não é mais jovem como nos sonhos anteriores, tem a mesma idade que em sua vida de vigília. Esse passeio onírico pelos locais de sua infância é triste e sem fantasias, e seu coração pesa de modo quase insuportável. Está inconsolável e sente-se tão fraco que mal pode caminhar. Jamais se sentira tão fatigado num sonho. Arrasta-se para a praia onde vê algumas poucas pessoas, entre elas uma idosa senhora, imóvel num banco. "Oh, meu Deus", ele exclama, "é Mary Seraskier."

Ela diz a Peter: "Gogo, tu não imaginas como foi difícil para mim retornar, mesmo que por poucas horas, pois não posso suster-me por muito tempo. É como estar pendendo da janela, presa apenas pelo pulso... ninguém jamais voltou antes... fiz uma longa viagem... tão longa... para me encontrar contigo. Tinha tantas coisas para te dizer, mas agora que estamos aqui, de mãos dadas como costumávamos, já nem consigo mais me lembrar do que se tratava... e mesmo que pudesse, não conseguiria fazer-te entendê-las. Mas tu compreenderás um dia, não há pressa alguma. Já conheço cada um dos pensamentos que cruzaram tua mente desde que morri. Ao menos a *tua* parte da jornada está intacta...Tu e eu somos os únicos mortais que conheço que conseguiram encontrar o caminho para o mundo interior um do outro pelo toque das mãos... Nossos corpos estavam muito afastados — não que *isso* fizesse muita diferença, porque jamais o teríamos conseguido acordados... nunca, mesmo que nos abraçássemos até a morte! Gogo, não encontro palavras para explicar *como,* pois não as há em qualquer língua que conheça, suficientes para te contar. Aqui onde me encontro os olhos, os ouvidos e todo o resto se une e... oh... há ainda muito mais!... É muito simples, embora talvez agora não soe assim para ti. E os sons! Ah, que sons! A atmosfera pesada da Terra não pode conduzi-los e nem o ouvido humano captá-los... o som é tudo... e se funde à luz... Aqui onde estou, Gogo, posso ouvir o sol brilhar e fazer as flores desabrocharem e os pássaros cantarem e os sinos soarem nos casamentos e enterros — mortes tão, tão, tão felizes... ah se ao menos tu pudesses entender... E também não há mais "eles"... não há "eles"! Mas isso é apenas um detalhe. É preciso que tu te esforces e entendas que é como se todo o espaço entre nós e os astros estivesse cheio de pequeninos pontos espiralados de substância essencial, minúsculos demais para serem vistos por qualquer microscópio... Ainda assim, uma simples gota d'água os conteria todos sem que por isso se tornasse menos transparente. Todos se recordam de terem vivido na terra ou algum outro lugar, sob alguma forma... Quanto mais longa, completa e diligentemente se vive na Terra, tanto melhor para todos. É a base de tudo... Nada se perde, nada!"

Mary continua a explicar como devemos entender o amor e a fusão das almas gêmeas (veja o próximo capítulo), embora nesse caso esteja falando de uma exceção à regra. Ela também explica como devemos entender a fusão com o nirvana: "Gogo, sou a única gota d'água que ainda não pode diluir-se, misturar-se ao oceano universal... é como se uma longa e invisível corrente me mantivesse ainda presa à Terra e eu estivesse ligada à outra ponta dela por um cadeado transparente, uma espécie de gaiola, que me deixa ver e ouvir tudo ao redor, mas me impede de fundir-me totalmente. Cedo percebi que esse cadeado é constituído pela parte de ti que ainda trago dentro de mim e, por isso, não posso dissolver, porque parte de mim não morreu. A corrente me liga àquela parte de mim que deixei em ti e, assim, metade de mim na verdade não estava lá para ser diluída. Oh, meu grande amor, quanto eu abracei minha corrente, contigo atado à outra ponta dela! Com tanta dor e tanto esforço que não podes nem imaginar, arrastei-me ao longo dela de volta para ti, para dizer-te que seremos inseparáveis para sempre tu e eu, um único ponto de substância essencial feito de nós dois... um minúsculo grão de sal, uma gota. Não haverá despedidas para *nós* — isso eu posso ver. Esta sorte extraordinária parece estar reservada apenas para ti e para mim até agora... mas, só quando tu te reunires a mim seremos, tu e eu, completos e livres para nos fundirmos ao oceano universal e participarmos como Um de tudo que vier a ser".

Após a morte (Clara Militsch)

No romance *Após a morte* (1882), o escritor russo Ivan Turgenev (nascido em 28 de outubro de 1818 em Orel e falecido em 22 de agosto de 1883, em Bougival, França) conta história semelhante — e igualmente mística — sobre o tipo de amor característico das almas gêmeas. Meu relato desta trama será bastante resumido, pois o romance encontra-se disponível nas livrarias.

Um tímido rapaz de nome Jakov Aratov apaixona-se por uma cantora chamada Clara Militsch, que também se toma de amores por ele. Mas, por não querer admitir para si próprio que realmente a ama, Jakov a rejeita.

Meses depois ele lê num jornal o anúncio da morte de Clara e fica sabendo que ela se envenenou. O artigo especula que o motivo de seu suicídio pode ter sido um amor não-correspondido. Só então Jakov se dá conta de que verdadeiramente a amava e tortura-se com remorsos por ter tolamente rejeitado Clara.

A partir desse momento, ele se torna presa do fascínio da moça e até mesmo sonha com seu finado amor na noite seguinte. Jakov então decide visitar a cidade de Kasan, onde moravam a mãe e a irmã de

Clara. A irmã lhe conta os pontos principais de uma conversa que ela e Clara mantinham de vez em quando. "Jamais encontrarei o homem que quero", queixava-se Clara. "E se tu o encontrares?" perguntava a irmã. "Quando eu o encontrar, ele será meu!" "E se ele não se entregar a ti?" "Então eu me matarei. Sem ele minha vida não valeria nada."

Aratov retorna à sua casa e assim que se vê só, sente subitamente uma força que se apodera de suas pernas, como se estivesse *em poder* de outra criatura. As palavras de Clara, repetidas pela irmã, voltam à sua mente: "Quando eu o encontrar, ele será meu!" Aratov se perde em profundos pensamentos. O fenômeno da fascinação, ele medita, prova que a alma de uma pessoa viva pode influenciar outra. Uma vez que a alma continua a existir após a morte, esse magnetismo não poderia também continuar depois da morte?

Numa das noites seguintes uma pálida luminosidade surge, como se do nada, e tudo no quarto fica iluminado por essa luz tênue e imóvel. Aratov sente apenas uma coisa: Clara está próxima, em algum lugar do quarto. Ele pressente nitidamente a presença dela e depois de implorar, desesperadamente, que ela se mostre, a moça finalmente se materializa.

Ao longo de todo o dia seguinte Aratov aguarda impacientemente que a noite chegue. "O que vai acontecer agora?", ele se pergunta. "Não é possível vivermos juntos! Mas eu preciso estar junto dela! Não terei outra escolha a não ser a morte? Agora não a temo, ela não pode me aniquilar! Na verdade, é justamente o oposto: apenas *desse modo* e apenas *lá* eu serei feliz, mais feliz do que jamais fui em toda a minha vida, e mais feliz do que ela jamais foi durante a dela."

Nos dias que antecedem sua morte, Aratov menciona repetidamente um casamento que se realizara. Quando ele finalmente se vai e deixa seu corpo físico, a face do morto está iluminada por um sorriso cheio de felicidade.

O caso de Reisinger

Rudolf Passian, em seu livro *Wiedergeburt (Renascimento)*, conta uma experiência profética vivida por um homem chamado Leopold Reisinger, relacionada à cicatriz de um ferimento sofrido em Viena em 1915. Diferentemente dos dois contos anteriores, que descreviam relações amorosas que continuavam após a morte dos corpos físicos, Passian descreve a história de um amor de uma encarnação passada que foi redescoberto e reconhecido conscientemente, nesta vida. Nesse caso, mais uma vez, é quase certo que os amantes aos quais Passian se refere sejam almas gêmeas.

Em alguns sonhos de Leopold Reisinger, o rosto de uma jovem loira aparece sucessivas vezes. Estranhamente, não são sua beleza e graça que o atraem, mas o fato de que o rosto no sonho evoca uma inenarrável nostalgia, um forte anseio pelo passado há muito esquecido.

Poucos dias depois ele a encontra na vida de vigília. Embora nunca se tivessem visto antes "em carne e osso", ambos imediatamente se reconhecem. Ele conta a ela que ela deve ser a garota que ele viu em sonhos e ela responde dizendo que também sonhara com ele. Ambos se sentem tão comovidos que seus olhos se enchem de lágrimas.

O amigo de "Samadhi"

Em seu livro *Der gemeinsame Weg* (*O caminho partilhado*), Joyce e Barry Vissell descrevem um caso semelhante ao que acabamos de relatar. Os Vissells contam sobre um homem que viu sua futura esposa numa *visão*, embora ele ainda não a houvesse encontrado pessoalmente na encarnação atual. Tanto nesse caso quanto no anterior, os casais se encontram de maneira aparentemente acidental e, como seria de se esperar, depois se enamoram. Tanto o relato dos Vissells — de uma *visão contemplativa* — quanto o de Passian — de um *sonho* — prenunciam acontecimentos cujo tempo ainda não chegou e envolvem percepção, por parte dos parceiros, que estão destinados um para o outro. Esse *destino partilhado* pode envolver almas gêmeas que pertencem uma à outra para sempre, como no caso Reisinger, ou também uma relação amorosa predeterminada para ocorrer "apenas" nesta encarnação. A qual dessas duas categorias pertence o caso aqui descrito é uma questão para a qual ainda não temos resposta.

Durante suas meditações e visões, o homem descrito pelos Vissells vê repetidas vezes o rosto de uma jovem. Embora ele veja sempre o mesmo rosto, não consegue lembrar-se de onde a conheceu. Uma noite ele vai assistir a uma palestra. Há ainda dois assentos vazios na primeira fileira, de modo que ele se senta num deles. Fecha os olhos, pensando em meditar por alguns minutos antes do começo da apresentação. Quando ele os abre, ela está sentada ao seu lado: a mulher que ele tantas vezes enxergara em suas visões subitamente aparecera em carne e osso!

Fidelidade além da morte

As duas primeiras histórias contam sobre as relações amorosas que perduraram além da morte de um dos parceiros. Em ambos os casos mencionados anteriormente, foi a mulher que morreu antes de seu amado. A terceira história envolve o reatamento de uma ligação amorosa de uma encarnação passada. Este conto indiano, publicado em *Die sieben Gärten der Liebe* (*Os sete jardins do amor*), refere-se a uma mulher cujo amor de uma encarnação anterior continua na segunda. Seu marido, que sobreviveu a ela, consegue encontrá-la novamente no novo corpo que ela assumiu, tendo assim a oportunidade de estar junto à mesma alma duas vezes no decorrer de uma só vida.

Sempre que Bhanudatta, marido de Saraswati, sai de casa, ela se preocupa com relação ao seu bem-estar e sempre que ele demora a regressar, ela é tomada por tal ansiedade que é como se fosse morrer de preocupação. Seu amor pelo marido é tão intenso que todos comentam a respeito na cidade e a notícia logo chega aos ouvidos do rei.

O rei traça então um plano para testar a fidelidade de Saraswati. Chama Bhanudatta e impede que ele se retire na hora combinada, fingindo que precisa de seus conselhos de ministro num importante assunto do reino. Ele retém Bhanudatta por longas horas e depois manda que ele tire suas roupas, ordenando que elas sejam manchadas com sangue de bode. Depois chama uma serva, entrega-lhe as roupas ensangüentadas e manda que ela as leve a Saraswati, juntamente com a terrível notícia de que o rei ordenara a execução de Bhanudatta. Quando Saraswati ouve a mensagem, ela se enche de pesar e morre devido ao choque.

O rei planeja casar Bhanudatta com uma jovem de uma família abastada mas ele ainda ama a esposa falecida e rejeita a oferta real dizendo: "Pelo resto da minha vida, todas as outras mulheres serão como mães e irmãs para mim". Ele abandona sua casa e seus bens e vaga por toda a parte até finalmente construir uma cabana às margens do Ganges.

Depois da morte de Saraswati, sua alma reencarna como uma outra princesa, cujo pai, um certo rei Kankaketu, governa o distante país onde Bhanudatta construiu sua humilde choupana. Nove meses se passam e a esposa do rei dá à luz uma filha chamada Srimati.

Alguns anos depois, Srimati e suas amigas estão andando de barco pelo Ganges quando ela vê Bhanudatta na margem do rio e imediatamente desmaia, pois a memória de sua encarnação anterior é subitamente despertada.

Quando volta a si, Srimati vai rapidamente para casa e suplica aos pais que permitam que ela se case com Bhanudatta, mas eles ficam bravos quando ela lhes conta que o homem que escolheu não é um príncipe ou um rei, mas um ermitão, que vive às margens do rio. Apesar do desgosto dos pais, Srimati não se deixa dissuadir e lhes diz: "O homem que se tornará meu marido está sentado à beira do Ganges praticando a yoga da autonegação. Apenas ele, e tão somente ele, é o homem que se tornará meu marido! Ele foi meu esposo numa vida anterior. Convidem-no à nossa casa e eu lhes contarei tudo".

O rei convida o eremita para ir ao palácio e, depois de muita insistência, o *sadhu* aceita o convite. Depois Srimati chama o pai de lado e lhe conta tudo o que viveu em sua vida anterior. O rei pergunta ao eremita sobre esses acontecimentos e ele relata eventos que são idênticos aos da versão de Srimati. O rei não tem outra escolha senão acreditar em tudo o que lhe foi dito e concordar com o casamento entre a filha e Bhanudatta.

Amor entre irmãos

O mesmo livro da história anterior contém uma lenda indiana chamada *Ausweglose Liebe* (*Amor sem esperança*). Como vimos anteriormente, almas gêmeas nem sempre encarnam como marido e mulher, mas algumas vezes se encontram sob outras formas. Esta lenda descreve o amor entre almas gêmeas que encarnaram como irmãos.

Um rei tinha sete filhos e uma filha, chamada Kalawati. Existia uma relação particularmente intensa entre o irmão mais novo e a princesa Kalawati e eles se amavam tanto que não suportavam ficar separados mais que alguns momentos.

Um dia o jovem príncipe retorna à casa trazendo uma fruta especial e se recusa a dividi-la com quem quer que seja, inclusive sua querida irmã Kalawati. Para demonstrar que falava muito seriamente a respeito de ter a fruta só para si, o príncipe diz: "Se alguém comer esta fruta, ou sequer tentar prová-la ou mordê-la, eu casarei com essa pessoa, eu juro!"

Kalawati, imaginando que o irmão esqueceria o juramento, come a fruta e acaba se vendo confrontada com o triste fato de que deve casar-se com o irmão, tal como ele jurara.

A pobre princesa está numa situação terrível — como casar-se com seu próprio irmão? Desesperada, ela foge em direção ao rio, pensando em suicidar-se.

A família toda corre para lá e, um a um, tentam dissuadir a princesa de seu intento. Finalmente chega o jovem príncipe e conversa afetuosamente com ela: "Kalawati, minha amada irmã, por que não sai do rio?"

Incapaz de olhá-lo nos olhos, ela responde: "Não, meu irmão, como você poderia tornar-se meu marido e eu sua esposa? Não, deixe-me morrer. Não lamente minha morte, apenas lembre-se de sua amada irmã depois que eu me for".

O príncipe implora: "Kalawati! Eu retiro o juramento. Eu o nego! Jamais fiz tal juramento! Suicidar-se é um grande pecado. Volte para mim, não posso viver sem você".

Kalawati soluça "Não, querido irmão, o céu é testemunha, não é possível!" Ela ergue o braço direito sobre a água e um instante depois desaparece.

As águas do rio começam a subir. Uma luz pálida surge no céu e todas as cores desaparecem do firmamento. O jovem príncipe chama desesperado: "Espere, espere Kalawati, eu vou junto com você". As águas se avolumam de modo assustador e então, logo depois, se acalmam novamente e o rio volta a correr como sempre. E é apenas ele que pode responder à pergunta: Onde estas flores gêmeas encontraram seu abrigo derradeiro?

A parábola dos amendoins

Os amendoins, tal como o ser humano primordial que unia homem e mulher num único ser, também são formados por metades. Imagine que tenhamos um saco de amendoins e que cada um deles seja um todo, indivisível. Imaginemos ainda que tiramos os amendoins, separamos suas metades, recolocamos no saco, misturando bem. Se tentarmos reunir novamente as metades, logo descobriremos o quão difícil é essa tarefa, uma vez que a maioria dessas metades não se encaixará. Com as pessoas acontece a mesma coisa que com os amendoins: quando um homem sai em busca de uma esposa, descobre rapidamente que só se harmoniza com bem poucas mulheres. Pode encontrar várias que parecem adequadas, mas a verdadeira parceria funciona como os amendoins, quer dizer, é possível reunir as metades de modo que estejam relativamente bem juntas, mas há apenas uma metade genuinamente acertada — quer dizer, a metade que surgiu da cisão original do primeiro hermafrodita.

É muito difícil dizer se alguém encontrou a Outra Metade primordial. Talvez seja mesmo impossível. Em muitos casamentos predestinados, razões kármicas impossibilitam a união de almas gêmeas — pelo menos como um casal apaixonado — na atual encarnação. O principal é permitir que uma ligação predestinada, leal e feliz, possa se desenvolver. Infelizmente, muitas pessoas cometem o erro de iniciar relacionamentos duradouros, mesmo que haja pouca ou nenhuma harmonia entre elas e seus parceiros. Esse tipo de relação pode ser comparado a tentar juntar as metades de um amendoim, mesmo que elas sejam visivelmente diferentes em tamanho e forma. Simplesmente não vai dar certo. Almas incompatíveis, quando se tornam amantes, são em geral infelizes juntas e dificilmente permanecem ligadas por muito tempo.

A parábola das moedas

Imagine que temos uma grande coleção com diversos tipos de moedas e que as cortamos transversalmente, separando as duas faces de cada uma delas (i.e., separando "cara" de "coroa"). Quanto mais incomum for uma moeda, mais difícil será achar seu par. Isso é o que o Ramala quer dizer com as palavras: "Quanto mais baixo for o nível de consciência de uma pessoa, tanto maior o número de pessoas entre as quais ela pode escolher um parceiro; quanto mais alguém sobe na escada da evolução, tanto mais diminuem os parceiros potenciais entre os quais poderá escolher".[1]

Isso ocorre porque os estágios de consciência da humanidade são como uma pirâmide, mais larga na base e afunilando em direção ao

---

1. Ramala: *Die Weisheit von Ramala* (Munique, 1988), p. 96.

topo. Entre os homens também, as massas ignorantes representam a base, mais ampla. Apenas uns poucos seres humanos chegaram à realização e apenas esses entes altamente evoluídos ocupam o ápice da pirâmide. Entre esses dois extremos encontramos o restante da humanidade, ordenados de maneira ascendente segundo seus estágios de consciência. Quanto mais nos aproximamos do topo de uma pirâmide, menos blocos de pedra encontramos. O mesmo ocorre com os humanos: quanto mais galgamos a pirâmide, tanto mais evoluídas se tornam as almas e tanto menor o número delas.

Para continuar nossa parábola das moedas, vamos supor que Deus criou apenas mil pares de almas e imaginar esses pares como moedas inteiras. Como todas elas são feitas de metal podemos ir além nesta parábola, para mostrar que todas elas foram originalmente criadas com a mesma substância metálica, assim como todas as almas foram originalmente criadas a partir da mesma substância divina. Agora, imagine que várias moedas diferentes foram cunhadas do mesmo metal com denominações variadas e em diferentes quantidades: 150 moedas de 1 centavo; 140 de 5 centavos, 120 de 10 centavos, 110 de 25 centavos, 100 de 50 centavos, 90 de um dólar, 80 de 10 dólares e 70 de 20 dólares. Além disso, imagine que há quatro diferentes tipos de moeda estrangeira: 60 moedas de 1 peso, 55 moedas de 1 rublo, 24 moedas de 1 franco e uma libra inglesa.

Sabemos que apenas o reverso e o anverso de uma moeda do mesmo tipo podem ajustar-se perfeitamente. Para cada "cara" das moedas de um centavo, temos 150 "coroas" do mesmo valor. Para cada "cara" de vinte dólares, há setenta "coroas". Mas precisamos procurar muito até encontrar aquela única "coroa" que casa com a "cara" da libra inglesa. A mesma coisa acontece com as pessoas. Algumas podem escolher entre um grande número, outras precisam encontrar seus parceiros entre um grupo menor de candidatos; e algumas, como a "cara" da libra inglesa de nossa parábola, precisam procurar até encontrarem aquele único parceiro adequado. Devemos nos lembrar agora daquilo que eu disse anteriormente a respeito da pirâmide e dos vários níveis de consciência. Também não devemos nos esquecer que, mesmo que tenhamos muitas metades entre as quais escolher, apenas um reverso corresponde exatamente a um anverso da moeda originalmente dividida.

Algumas vezes duas pessoas se sentem bem juntas e mutuamente atraídas, mas o vínculo entre elas não dura muito e logo surge uma discussão ou mal-entendido. A parábola das moedas ajuda a compreender a origem do desencontro. Eventualmente a "cara" de uma moeda de 10 centavos se sente irresistivelmente atraída pela "coroa" de uma moeda de 25 centavos porque admira o valor maior dessa moeda. Ou então a "cara" de um dólar de prata apaixona-se pela "coroa" de uma moeda de cinco centavos porque se sente melhor ou mais valiosa que sua parceira. Casais desencontrados ou desiguais, tais como esses, não estão predestinados um para o outro nem provavelmente desfrutarão de felicidade duradoura.

Eu poderia continuar listando incontáveis outros exemplos mas vou resistir à tentação, pois a digressão me levaria a discutir o problema que surge nessas relações e desviar-me — e a este livro — do tema central: a natureza das almas gêmeas.

7. A União de Almas Gêmeas

Se nos lembrarmos da máxima de Orígenes que diz que o fim de um processo é semelhante a seu princípio, podemos concluir que as almas gêmeas voltarão, em algum momento futuro, a constituir uma única entidade, tal como eram no princípio. Algum dia elas se fundirão verdadeiramente e de novo se tornarão um único ser, tal como eram no começo. Explicarei esse processo neste e no próximo capítulos. Descreverei a *grande união* (nirvana) pela qual todos os seres (e não apenas as almas gêmeas) se fundem uns com os outros. Já discuti uma dessas duas uniões no Capítulo 5 e tratei da combinação dos dois tipos na terceira hipótese do mesmo capítulo. Assim sendo, as últimas seções deste livro serão dedicadas à descrição do nirvana.

Parece importante destacar, mais uma vez, que a união de duas ou mais entidades não significa, necessariamente, que cada uma delas perde sua identidade. Do ponto de vista esotérico, a integração de dois seres significa a reunificação de duas pessoas, que pertenceram uma à outra desde o princípio dos tempos, que originalmente constituíam um ser único e completo e que assim voltarão a estar no futuro, pois a encarnação em densos corpos materiais de um único gênero é apenas temporária. Na mitologia grega, a fusão das almas gêmeas é personificada por Hermafrodite. O filho (homem) do deus Hermes e da deusa Afrodite tornou-se posteriormente andrógino. A mitologia indiana também apresenta uma figura andrógina chamada Ardhanarishvara, palavra que significa "o homem que é metade mulher".

Segundo o mito grego, "Hermafrodite era muito bonito e quando o jovem partiu de casa para o Halicarnasso, a náiade Salmakis apaixonou-se perdidamente por ele, mas ele a rejeitou. Mais tarde, contudo, enquanto ele se banhava numa fonte, ela abraçou-o fortemente e arrastou-o consigo para o fundo, pedindo aos deuses que os unissem para sempre. Seus corpos se uniram, transformando-se num hermafrodita com seios e silhueta feminina, mas com genitais masculinos. Os pais de Hermafrodite atenderam a suas preces para que daí por diante todos os que se banhassem na fonte se transformassem igualmente em seres andróginos".[1]

Shiva, o deus hindu, assume a forma de Ardhanarishvara, o Senhor que é metade mulher. Sempre que aparece como Ardhanarishvara, Shiva é representado com a forma masculino-feminina de um ser andrógino[2]. A tradição indiana descreve a criação de Ardhanarishvara da seguinte maneira: "Shiva, tomado de júbilo, cingiu a esposa tão fortemente que ambos se fundiram e se tornaram um só: Ardhanarishvara".[3] "Uma outra versão diz que Shiva fundiu-se a Parvati, sua consorte, para que ela fosse reverenciada com a mesma devoção dedicada a ele. Embora cada um dos lados da escultura apresente as características sexuais de um dos sexos, eles se juntam harmoniosamente."[4]

Ardhanarishvara não é a única figura andrógina, no hinduísmo, resultante da união de duas entidades. Uma ligação íntima surge entre os cultos a Shiva e a Vishnu quando "Shiva sucumbe aos encantos de Vishnu que aparece em sua forma feminina como Mohini. Da combinação entre esses dois deuses surge Hari-Hara".[5]

"As representações de Vishnu com sua consorte Lakshmi são semelhantes às esculturas que representam Shiva com Parvati, sua *shakti*.

---

1. *Lexikon der antiken Mythen und Gestalten* (Munique: dtv, setembro de 1987).
2. Anneliese e Peter Keilhauer: *Die Bildsprache des Hinduismus* (Colônia, 1990), p. 167.
3. *Ibid.*, p. 196.
4. Eckhard Schleberger: *Die indische Götterwelt* (Colônia: Diederichs, 1986), p. 99.
5. Anneliese e Peter Keilhauer: *Die Bildsprache des Hinduismus* (Colônia, 1990), p. 35.

Todos estes pares de deuses personificam a unificação dos princípios masculino e feminino. As esculturas nas quais Vishnu e Lakshmi se fundem numa única figura são menos comuns."[6]

Em trechos selecionados por Wolfgang Schultz no "Evangelho Egípcio", encontramos material complementar a essas imagens indianas. De acordo com esse texto apócrifo, "Salomé perguntou a Jesus 'Quando o poder da morte deixará de existir?' e o Senhor respondeu: 'Apenas quando as mulheres deixarem de conceber'. E disse Salomé: 'Então faço bem em não conceber ou dar à luz?' Mas o Senhor respondeu 'Compartilharás todas as ervas, mas não compartilharás o amargor [da morte]'. E quando Salomé perguntou a Ele quando a verdade de Suas palavras se manifestaria, o Senhor disse: 'Quando esmagares a vergonha sob teus pés, quando dois se tornarem um, homem e mulher, nem macho nem fêmea'".[7]

Hans Christian Branner (1903-1966), um dos mais importantes poetas dinamarqueses do pós-guerra, escreveu uma novela intitulada *O poeta e a jovem*, na qual uma moça diz baixinho a seu amado: "Eu te amo, sou tua. Se jamais duvidares do meu amor, podes pedir-me tudo que quiseres. Peça-me tudo, meu amor, faça-me feliz. Será que devo me aniquilar e tornar-me parte de ti? Será que devo integrar-me totalmente a ti, enxergar pelos teus olhos, falar por tua boca?" A heroína de Branner descreve a mais elevada forma de amor, um sentimento tão profundo que culmina com o desejo de fundir-se ao amado e tornar-se um único ser.

A novela de Branner me traz à lembrança uma passagem do *Simposium* de Platão, na qual Aristófanes serve de instrumento para uma pergunta retórica de Hefesto: "É isso que desejam? Estarem no mesmíssimo lugar, tanto quanto possível, e não se deixarem dia e noite? Porque se assim for, estou disposto a uni-los e fazê-los crescer juntos, de modo que, mesmo sendo dois, seriam como uma única pessoa. E enquanto viverem estariam juntos como se fossem um só. E, ao

---

6. Eckhard Schleberger: *Die indische Götterwelt* (Colônia: Diederichs, 1986), p. 61s.
7. Wolfgang Schultz: *Dokumente der Gnosis* (Munique, 1986), p. lxvii.

morrerem, lá também, no mundo dos mortos, estariam novamente como um único ser e não como dois. Pensem se isso lhes agrada e se é isso o que gostariam de ter se estivesse ao seu alcance". Aristófanes responde à própria pergunta. Como crianças ingênuas, diz ele, cada um de nós "simplesmente acreditaria que ouvira aquilo que desejara a vida toda — a integração com o amado, de dois transformar-se em um". Como fica bastante claro nessa passagem, Platão estava familiarizado com a noção da união de dois seres numa única entidade e, também ele, considerava essa reunião como algo desejável, que levaria à felicidade duradoura.

No *Sphärenwanderer* lemos o seguinte a respeito da união dos amantes: "Dois seres que se amam e se respeitam profundamente, se fundem um ao outro, literalmente. Mesmo no mundo terreno um indivíduo se percebe por intermédio do outro, partilhando sensações, sentimentos e intimidade de pensamento... Como esse vínculo entre almas deve ser forte, sem os empecilhos dos corpos humanos tão ligados à carne! É bem sabido que a união de homem e mulher no reino espiritual da luz é realmente uma unificação de seus corpos e que, por algum tempo, dois amantes podem apresentar-se como uma só pessoa, de fato e não apenas no sentido figurado".[8]

Dentro dessa perspectiva, gostaria de observar que o ato sexual, e a ternura e as carícias que o acompanham, são as vivências mais intensas que os amantes terrenos podem partilhar. Com freqüência, as pessoas deixam passar despercebido o fato de que a relação sexual é mal utilizada quando vem a reboque de parcerias variadas apenas para satisfazer o ego e a luxúria. Mas, mesmo consumado no contexto de um amor puro, o ato sexual tem uma duração limitada e a alegria e o prazer perduram apenas pelo curto espaço do orgasmo. O verdadeiro anseio dos amantes — a união que lhes permitia fundir-se — não pode ser satisfeito por meio da sexualidade nem da ternura ou das carícias. Enquanto estiverem encarnados em seus atuais corpos de

---

8. Herbert Engel: *Der Sphärenwanderer* (Interlaken, Suíça, 1995), p. 239.

um único sexo, os amantes permanecerão fisicamente separados, cativos de dois diferentes corpos.

Agora eu gostaria de propor uma hipótese que muitas vezes foi sugerida mas jamais expressa claramente. A união de dois seres em um só, no plano astral, é acompanhada por sensações da maior plenitude, as quais excedem em muito o ato sexual físico, que é apenas uma mera sombra dela. Embora no plano astral o tempo não exista num sentido estrito, nele a união dos seres é mais longa. E, do mesmo modo que as entidades podem fundir-se, elas podem novamente dividir-se em duas. Mesmo enquanto unidas, podem continuar sendo duas e, inversamente, mesmo enquanto estão separadas constituem, não obstante, uma só. Os corpos astrais são totalmente diferentes dos terrenos e essa diferença permite a existência, no plano etéreo, desse aparente paradoxo. As almas se enlaçaram tão firmemente, dissolveram-se uma na outra tão completamente, que já não podem discriminar o que está nelas e o que está no outro. Fundiram-se para vir a ser uma única entidade. Entretanto, podem depois emanar uma da outra e voltar a constituir dois seres. Quando emergem, representam o mundo da complementaridade, pois "não é bom que o homem esteja só" (Gênesis 2:18). Mesmo que, por um lado, almas gêmeas sejam homem e mulher, por outro, não são nem homem nem mulher. A reprodução não existe no plano astral e por isso não são necessários dois sexos. Lembramos que, de acordo com algumas tradições, o primeiro casal não apresentava quaisquer características ou diferenças sexuais. No sentido estrito, a alma não tem sexo, "transcende todos os fenômenos terrenos", como dizem os Vedas. Como em qualquer outro fenômeno, o sexo é, em última análise, baseado na ilusão.

Se considerarmos que a sexualidade terrena é uma sombra da união dos corpos astrais, perceberemos claramente que a relação sexual deveria ser privilégio apenas daqueles amantes que anseiam por uma união duradoura de seus "eus" individuais, e que ficariam exultantes se se transformassem numa entidade única para sempre. Quando amantes encarnados consumam o ato sexual com essa motivação, sua união física é verdadeiramente a manifestação terrena de algo possível entre indivíduos que escolhem uma longa união no plano astral.

Devemos nos lembrar que, quando nos relacionamos sexualmente com nossos parceiros, criamos vínculos com eles (mesmo que seja uma relação passageira) e que essa ligação deixa marcas em ambos. É a isso que Paulo se refere quando diz: "Não sabeis que aquele que se une à prostituta constitui com ela um só corpo? Pois foi dito: 'Serão dois em uma só carne'" (Primeira Epístola aos Coríntios 6:16).

Ser "uma só carne" com uma pessoa vai muito além do que pode ocorrer durante o fugaz encontro do ato sexual. É muito mais do que deitar-se com um parceiro que alguém "usa" apenas uma vez. Uma pessoa se funde à outra não apenas sexualmente, mas num sentido muito mais profundo, pela união de seus corpos astrais. As pessoas que se permitem envolvimentos passageiros indubitavelmente desconhecem esse fato mas, apesar disso, a verdade é que a união sexual forja uma ligação invisível entre os parceiros. No princípio (isto é, quando éramos apenas espíritos que habitavam a divina substância — um estágio do ser que chamamos *nirvana, paraíso* ou qualquer outra denominação semelhante), cada um de nós tinha apenas um parceiro íntimo: nossa alma gêmea, à qual nosso corpo astral estava unido. Deveríamos portanto nos esforçar para, a cada encarnação, colocar em prática esse princípio. É por essa razão que a maioria das religiões recomenda a monogamia (como no ideal de amor entre almas gêmeas) e encara a infidelidade conjugal como um dos mais graves pecados.

Quero enfatizar que a doutrina das almas gêmeas de modo algum menospreza o casamento terreno entre marido e mulher, o qual reflete a união astral entre almas gêmeas. Ocorre justamente o contrário: a doutrina das almas gêmeas incentiva o casal terreno a tornar sua parceria semelhante àquela de suas almas gêmeas primordiais. Bo Yin Ra concorda com essa visão: "Aquilo que fizeres a teu parceiro, homem ou mulher, na união conjugal nesta vida terrena, terás feito a ti mesmo e, certamente, a teu parceiro espiritual, independentemente de ter encontrado esse parceiro predestinado aqui na Terra!"[9]

---

9. Bo Yin Ra: *Das Buch vom Menschen* (Munique, 1920), p. 48s.

8. Retorno ao Nirvana

Vamos abordar rapidamente o *estágio final* da evolução das almas, estado do ser que é idêntico à *condição original* desfrutada por todas as entidades antes que seus erros tivessem acarretado seu afastamento de Deus. Este tema não pode ser tratado mais extensamente no contexto deste livro porque senão nos afastaria do tema principal, isto é, a natureza das almas gêmeas. Apesar disso, parece útil oferecer ao leitor alguma informação sobre essas questões, particularmente para evitar a impressão equivocada de que a união das almas gêmeas (discutida no capítulo anterior) é o objetivo último e mais elevado dessas almas.

Como já expliquei, na terceira hipótese do Capítulo 5, fundir-se com sua alma gêmea é simplesmente um prenúncio da chamada *unio mystica* — a união final da alma (já reunida à sua alma gêmea) com Deus ou — para dizer de modo mais preciso e evitar o engano de imaginar Deus de maneira muito abstrata como uma "pessoa" — a união da alma com a substância *única* da vida, da qual todos viemos.

Não é possível descobrir nossa alma gêmea fora de nós. Devemos tentar encontrá-la em nosso interior. Do mesmo modo, a reunificação com a substância da vida (da qual não somos senão partes minúsculas) não deve ser procurada exteriormente, mas dentro do próprio Ser. Aqueles que crêem no princípio evolutivo entendem que a alma gêmea (i.e., a outra metade à qual ansiamos nos unir) é algo que nem sequer existe fora de nós e consideram que ela vive apenas dentro do próprio indivíduo como um tipo de alter ego ou Ser divino, que habita o núcleo mais profundo do ser.

Jesus diz claramente que o nirvana jamais se manifestará no mundo exterior ou num determinado momento: "A vinda do Reino de

Deus não é observável. Não se poderá dizer: 'Ei-lo aqui'! ou 'Ei-lo ali'"! (Lucas 17: 20-21). Temos de encontrá-lo dentro de nós mesmos e ele só poderá ser descoberto pelo anseio que se volta para o interior. Como disse Jesus: "Buscai, em primeiro lugar, o Reino de Deus e a sua justiça, e todas essas coisas vos serão acrescentadas" (Mateus 6:33).

O Upanishad Mundaka concorda com essa afirmação: "Aquele que não tem qualquer desejo no coração e que conhece seu Ser alcançará a redenção nesta vida. Não se chega ao Ser por intermédio do estudo das sagradas escrituras, nem pela sagacidade ou pela leitura de livros. Apenas aquele que anseia por ele pode alcançá-lo e ele lhe revelará sua verdadeira essência".[1]

Seres iluminados são capazes de vivenciar o nirvana durante a vida terrena. Embora essas pessoas já tenham redescoberto o nirvana em si próprias, devem aguardar até o momento da morte — quando abandonam o corpo físico — para unirem-se exteriormente ao divino. Krishna explica esse processo no Bhagavad Gita (8:5): "Todo aquele que, ao deixar seu corpo, no final da vida, lembrar-se de mim e apenas de mim, imediatamente alcançará a minha natureza. Não pode haver dúvidas quanto a isso". Em sua última encarnação na Terra os iluminados ainda estão limitados por corpos físicos. Como o corpo é a cela que prende a alma, ele impede que o iluminado atinja a unificação com o nirvana antes da morte física. Um antigo jogo de palavras místico iguala *soma* e *sema* — quer dizer, "o corpo é o túmulo" (da alma). Apenas após a "morte final" esse ser evoluído pode conquistar a união duradoura com o nirvana. Aqueles que foram libertados dissolvem-se e se fundem com a *única* vida, da qual emanaram originalmente. A veracidade dessa afirmativa é corroborada, entre outros, pelo Upanishad Prasna: "Gerados do Ser, dissolvem-se no Ser, o lugar ao qual estão destinados, perdendo seus nomes e formas, de modo que se pode falar apenas do Ser. Qualquer um que perceba a verdade dessa afirmação alcança a imortalidade".[2]

---

1. *Die Schönsten Upanischaden* (Freiburg i. Brsg., 1994), p. 65.
2. *Ibid.*, p. 51.

O indivíduo redimido não cessa de existir, mas funde sua individualidade (que até então estava separada) com a substância *única* da vida (i.e., com todos os outros indivíduos redimidos que já habitam essa substância *única*).

Trilhar o caminho para o próprio interior é sempre o primeiro passo. Mais tarde, num segundo momento, podemos alcançar resultados semelhantes também no mundo exterior. A unificação exterior com o nirvana é a entrada póstuma num novo reino, de um ser já interiormente redimido, que se redescobriu no Ser. Claro que esse "novo" mundo não é realmente novo, mas simplesmente o mundo *único*, de onde todos nós viemos originalmente e para o qual todos regressaremos, cedo ou tarde.

Os redimidos venceram todas as dualidades. Para eles já não há mais *interior* ou *exterior*, pois uniram ambos em si próprios. Uma rápida explicação é necessária para evitar mal-entendidos. A unificação exterior não significa a união com o mundo terreno, nem está associada a fenômenos exteriores, mas refere-se apenas à união com o Ser divino, que se encontra, estático e inabalável, em qualquer fenômeno. Esse Ser divino deve ser procurado em nossa natureza essencial e no núcleo mais profundo de qualquer um daqueles que nos rodeiam. Os redimidos redescobriram a substância da vida em si próprios e, assim, conscientemente absorveram essa substância (união interior) e ao mesmo tempo mesclaram-se com essa substância (união exterior). Transcenderam a dualidade interior-exterior e ela não mais existe, embora essa transcendência não signifique que o plano exterior deixe de existir e que reste apenas o plano interior. Transcender a dualidade significa, porém, que os iluminados reuniram em si, harmoniosamente, ambos os aspectos. Para eles não há mais diferença entre o interior e o exterior. Algo semelhante ocorre quando homem e mulher se abraçam no amor conjugal: não são mais dois, mas uma única entidade irmanada — um estado de bem-aventurança que relembra a condição original que, no princípio, todos os seres desfrutaram.

O Upanishad Brihadaranyaka usa palavras semelhantes para descrever essa situação: "Na verdade, a autêntica natureza do Ser está livre de desejo, livre do mal, livre do medo. Assim como o homem que abraça amorosamente sua esposa não sabe mais o que está dentro e o que está fora de si, também aquele que se tornou uno com o Ser já não distingue entre interior e exterior, porque todos os seus desejos foram satisfeitos nessa união. Ele anseia apenas pelo Ser. Está livre da luxúria, não conhece a tristeza... Todas as tristezas do coração foram transformadas em alegrias".[3]

Se desejássemos apenas a união interior (e não a consumação tanto da união interior quanto da exterior), todos nós estaríamos sós no mundo e todos os outros seres seriam apenas ilusões. A verdade, entretanto, é que todos os seres são únicos e insubstituíveis. Repito mais uma vez: o objetivo não é abandonar aquilo que diz respeito ao mundo exterior, mas vencer as dualidades deste mundo pelo fluir harmônico entre o *dentro* e o *fora*.

Porque só podemos experimentar a verdadeira felicidade quando voltamos a atenção para o interior. Ensinamentos secretos e misteriosos sempre enfatizaram a necessidade de contemplação interior. Segundo os Vedas: "Não há palavras que descrevam a felicidade que a alma experimenta; tem-se de vivenciá-la por si próprio, no interior de seu Ser". A bem-aventurança não pode ser encontrada no mundo exterior, de aparências, porque as alegrias deste mundo são inevitavelmente efêmeras. Os prazeres do mundo exterior não se alicerçam interiormente e desvanecem rapidamente porque dependem tão somente de aparências externas. Apenas aqueles que encontraram a felicidade em si mesmos podem assim permanecer longamente, mesmo quando o mundo exterior parece voltar-se contra eles. Homens e mulheres que atingiram a perfeição suportam todos os golpes do destino com serenidade, sejam quais forem as provações que o mundo lhes reserve.

Quando um homem ou uma mulher atinge esse ponto de desenvolvimento e encontra Deus em si próprio, essa pessoa se torna *una* com Ele, o que não significa, porém, desaparecer em Deus e deixar de

---
3. *Die Schönsten Upanischaden* (Freiburg i. Brsg., 1994), p. 169.

existir. Isso está confirmado no *Deweikut* hebreu, que ensina que a humanidade não desaparece no Ser supremo, mas paira diante Dele devido à grande intimidade e proximidade entre a alma e Deus. O homem ou a mulher que O encontrou em si continua a existir, mas tudo o que faz e pensa a partir daí está a serviço de Deus. Isso significa que, embora o indivíduo ainda exista, ele está totalmente liberto do egoísmo, orgulho, luxúria, ódio e ignorância. Esse indivíduo profundamente religioso continua a agir no mundo, porém exclusivamente em função de Deus. Todos os seus motivos e suas ações tornaram-se *unos* com Deus.

Jesus ensina sobre a *união* de todos os seres, dizendo: "Eu sou o bom pastor; conheço as minhas ovelhas e as minhas ovelhas me conhecem, como o Pai me conhece e eu conheço o Pai. Eu dou minha vida pelas minhas ovelhas. Mas tenho outras ovelhas que não são deste redil: devo conduzi-las também; elas ouvirão a minha voz; então haverá um só rebanho, um só pastor" (João 10:14-16). Os Atos dos Apóstolos 4:32 complementam as palavras "haverá um só rebanho, um só pastor" do seguinte modo: "A multidão dos que haviam crido era um só coração e uma só alma". São Paulo se expressa no mesmo tom: "Tende a mesma estima uns pelos outros" (Epístola aos Romanos 12:16) e "sede estreitamente unidos no mesmo espírito e no mesmo modo de pensar" (Primeira Epístola aos Coríntios 1:10). Paulo não exorta os romanos e coríntios a eliminarem sua individualidade mas os incentiva a perceber que há apenas um corpo, composto por muitos membros (veja Primeira Epístola aos Coríntios 12:12ss).

Um texto budista nos ensina o mesmo. Segundo a tradição asiática, o venerável Anuruddha disse a Buda: "Nossos corpos, meu senhor, são separados mas nossas mentes, eu vos digo, são uma só".[4]

Thorwald Dethlefsen descreve essa situação com as seguintes palavras: "A plena liberdade só existe para aqueles que se ajustaram totalmente à ordem do cosmos e fundiram-se com a lei universal".[5]

---

4. Maurice Walshe (trad.): *The Long Discourses of the Buddha* (Wisdom Publ., 1996).
5. Thorwald Dethlefsen: *Schicksal als Chance* (Goldmann, 1/89), p. 266.

Edgar Cayce diz que "o destino da humanidade é tornar-se una com Deus para voltar a ser digna Dele e existir conforme Sua própria imagem". Para um ser humano, unir-se a Deus "pressupõe voltar à mesma perfeição com que fomos criados originalmente e estar sempre cônscios do estágio primordial. Não se deve perder a própria identidade. Cada indivíduo manterá sua própria individualidade, vontade e razão, mas esses atributos estarão em harmonia com a vontade de Deus... até que finalmente as leis humanas se tornarão idênticas às leis de Deus".[6]

Não perdemos a identidade quando entramos no nirvana simplesmente porque não há duas almas totalmente iguais. A identidade é necessária para criar uma imagem completa, assim como cada peça de um quebra-cabeça é essencial para completar o quadro. Uma peça isolada do quebra-cabeça não tem valor por si só, mas cada uma delas é indispensável porque o quadro jamais estará terminado se faltar uma única peça que seja.

O filósofo indiano Radhakrishnan escreve: "Não há duas *jivas* (almas) que tenham a mesma essência. Cada uma tem seu próprio valor, seu próprio papel e seu próprio lugar no grande projeto de ser".[7]

Orígenes também não crê que a perda da individualidade seja o preço a ser pago pela unificação com Deus. Sem utilizar a palavra "nirvana", ele explica como essa união deveria ser entendida: "Não é a substância criada por intervenção divina que deixa de existir quando uma criatura morre, apenas o direcionamento antagônico de sua vontade. Esse antagonismo não deriva de Deus, mas sim da própria criatura. Embora o ente tenha se dissolvido no todo ele não deixará de existir (no futuro), mas simplesmente deixará de ser um *inimigo* de Deus e uma vítima da *morte*... Deus criou todas as coisas para que elas existissem e tudo que foi criado para existir não pode tornar-se nada.

---

6. Edgar Cayce: *Bericht von Ursprung und Bestimmung des Menschen* (Goldmann Publ., 6/92), p. 258ss.
7. Radhakrishnan: *Source Book in Indian Philosophy* (Princeton: Princeton University Press, 1957).

Pode aceitar mudança e transformação, pode ter melhor ou pior avaliação dependendo de sua conduta, mas a dissolução da substância não pode ocorrer naquilo que Deus criou para existir e permanecer"(*de princ.* II 6:5).

Apenas alguém que transcendeu o mundo pode experimentar o nirvana interiormente . É por isso que os indivíduos que alcançaram os estágios mais elevados de desenvolvimento são pouco afeitos aos negócios mundanos. Sócrates explica que essa aparente indiferença surge "porque o verdadeiro filósofo, cuja mente está ocupada com realidades mais elevadas, não tem tempo para examinar os assuntos dos homens ou tomar parte em suas disputas, com a inveja e a amargura que elas envolvem. Seus olhos estão voltados para a contemplação de realidades permanentes e imutáveis, um reino onde não há injustiça, apenas razão e ordem".[8]

A experiência interior só pode atingir a perfeição pela unificação com o exterior. Embora o nirvana só possa ser encontrado interiormente, a experiência interior não é o último passo. O nirvana está "além do além" e não no interior do ser. O gnóstico *Pistis Sophia* confirma isso, afirmando que existe uma terra de luz onde não há pessoas, apenas uma luz constante, contínua e indescritível. Esse reino é separado das demais esferas por portais etéreos que os filósofos gnósticos chamam de "véus" ou "cortinas".[9]

Como vimos em capítulos anteriores, indivíduos redimidos em seu interior não podem fundir-se ao exterior senão após sua morte, quando abandonam seus corpos e se tornam totalmente *incorpóreos*. Orígenes concorda com esse ponto de vista declarando que "a natureza divina é incorpórea e uma entidade ainda corporificada não pode ser descrita como semelhante a, ou una com o divino". Orígenes é sensato e cauteloso ao considerar que "quando as almas alcançam a salvação e adentram o reino da bem-aventurança, talvez deixem de existir" (*de princ.* II 8:3). Essa possibilidade me recorda as doutrinas

---

8. Plato: *The Republic* (Londres, Penguin Books, 1987), p. 236.
9. Hans Leisegang: *Die Gnosis* (Stuttgart, 1985), p. 361s.

de algumas escolas gnósticas, segundo as quais os indivíduos redimidos livram-se de suas almas e as deixam com o Demiurgo, a força criativa secundária que rege o mundo visível, material.

Nenhuma religião ou escola filosófica, que eu saiba, apresentou até agora uma descrição adequada do nirvana e esclareceu qual sua natureza. Inayat Khan explica o porquê disso, de forma lapidar, na seguinte passagem: "A verdade eterna não pode ser dita em voz alta, e a verdade que pode ser dita em voz alta não é a verdade eterna".

Platão concorda com esse ponto de vista quando afirma que não há nada que ele possa escrever sobre as esferas mais elevadas, pois sejam elas quais forem, não podem ser descritas em palavras: "Isso é ainda mais verdadeiro, quando alguém esteve por muito tempo ocupado com a matéria e viveu com ela. Subitamente ela jorra na alma e se alimenta de suas próprias energias". Ele acrescenta que não é interessante, para a maior parte dos seres humanos, tentar descrever o nirvana e proclama que esse esforço deveria ser desenvolvido apenas por aqueles indivíduos que, ao receberem os sinais apropriados, são capazes de descobrir a si mesmos: "Aquele que não esteve em contato com os aspectos espirituais desde o nascimento jamais atingirá essa relação, seja por meio do aprendizado ou da memória".

Jesus, cujos ensinamentos sempre foram transmitidos na forma de parábolas, tem uma visão semelhante à de Platão. Perguntado por seus discípulos por que preferia ensinar desse modo, ele respondeu: "Porque a vós foi dado conhecer os mistérios do Reino dos Céus, mas a eles não" (Mateus 13:11).

Uma vez que o nirvana é nosso lar original, inconscientemente devemos manter lembranças dele. Contudo, essas recordações só se tornam acessíveis a nós quando dedicamos muito tempo e incansáveis esforços procurando por elas. Para isso precisamos voltar o olhar para nosso interior. Platão explica: "Toda alma humana contemplou a natureza do ser, ou essa alma jamais teria penetrado nessa forma de vida. Mas nem todos conseguem afastar os olhos das coisas mundanas e relembrar os fenômenos do mundo superior".

Como mencionamos anteriormente, o fim corresponde ao princípio (ou pelo menos é parecido ele). Assim, nosso lar original deve ser semelhante ou idêntico ao nosso lar futuro e deve ser também o objetivo que desejamos alcançar. No nirvana não há inconstância, nem nascer ou morrer. Buda concorda com essa visão: "Existe, ó monges, aquele que não nasce, não é criado, nunca é feito, nunca é planejado. Se ele não existisse, ó monges, não haveria salvação para aqueles que nascem, são criados, feitos e planejados. Mas, porque existe aquele que não nasce, não é criado, nunca é feito, nunca é planejado, ó monges, então tem de haver uma saída para aqueles que nascem, são criados, feitos e planejados"[10].

---

10. Maurice Walshe (trad.): *The Long Discourses of the Buddha* (Wisdom Publ., 1996).

Comentários Finais

Este livro deixou de abordar muitos assuntos porque discute, fundamentalmente, as almas gêmeas e pode tratar apenas superficialmente assuntos tão amplos quanto a criação, o pecado original e o nirvana. Devido à abrangência desses temas, não é possível escrever sobre eles de maneira adequada. O último versículo do Evangelho segundo São João (que também é aquele que conclui os quatro evangelhos da Bíblia) concorda que há limites para o que pode ser registrado por escrito: "Se as escrevessem uma a uma, o mundo inteiro não poderia, penso eu, conter os livros que se escreveriam" (João 21:25).

Inayat Khan tem ponto de vista semelhante: "Todas as divergências do mundo resultantes das diferenças religiosas são conseqüências da inabilidade para apreender o fato de que religião é uma unidade. Deus também é uma unidade. Como é possível haver duas religiões?"

O mais evoluído dos seres humanos — aquele que genuinamente se empenhou na busca espiritual — jamais é um fanático religioso, mas sim alguém capaz de olhar além dos limites de sua própria religião e aprender com as demais filosofias e com as mitologias. Aqueles que se dedicarem a essa tarefa serão recompensados com visões sobre os mistérios que se ocultam nas escrituras de outras tradições religiosas e, provavelmente, enxergarão os textos sagrados de sua própria religião sob uma nova luz. Como exemplo, eu gostaria de voltar brevemente ao texto bíblico sobre a criação de Eva a partir da costela de Adão. Como vimos no Capítulo 2, a palavra hebraica *"zela"* pode significar tanto "costela" quanto "flanco". Entretanto, esse conhecimento não é suficiente: um cristão ávido por interpretar a Bíblia e sedento de realização espiritual deve ir além do saber filológico. Um leitor desatento pode perder-se e interpretar mal a passagem do Gênesis, entendendo que o homem surgiu antes e que a mulher foi criada depois. Ao interpretar o Gênesis dessa maneira, os leitores chegariam à conclusão acertada que a mulher é parte do homem, mas errariam ao presumir que o homem *não* é parte da mulher. Entretanto, se também houvessem se familiarizado com a mitologia hebraica e o Zohar (que deveria ser leitura obrigatória para quem pretende estudar seriamente a Bíblia) e tivessem também lido o *Simposium* de Platão e o Upanishad Brihadaranyaka, chegariam sem dúvida a uma interpretação completamente diferente: a primeira mulher não foi retirada do homem; ambos os sexos foram criados pela divisão de uma entidade andrógina já existente. Meu comentário sobre o Gênesis 2:22 (ver Capítulo 2) traz explicações detalhadas a esse respeito.

Alguns leitores podem se sentir um pouco desapontados porque este livro não respondeu à pergunta: Como posso encontrar e reconhecer minha alma gêmea? Infelizmente, não há uma resposta única e válida para todos, simplesmente porque esse processo varia de pessoa para pessoa. Como mencionei rapidamente no Capítulo 8, é fundamental que nos preparemos interiormente para o encontro com nossa outra metade. Quando uma pessoa se desenvolve interiormente e está intimamente preparada para encontrar sua alma gêmea, então — mais cedo ou mais tarde — esse companheiro tão ansiado certamente aparecerá. É por isso que (como expliquei no Capítulo 5) a procura compulsiva dessa alma gêmea no mundo exterior é inútil. Aqueles que se dedicarem a este projeto fútil acabarão chegando à sensata conclusão de que a intensa busca foi inútil e, em última análise, frustrante. Por outro lado, quando a pessoa se prepara intimamente para o encontro com sua alma gêmea, ele ocorrerá naturalmente, com certeza.

O conde Keyserling dá a seguinte resposta à segunda parte da pergunta: Como podemos reconhecer nossa alma gêmea? "Aqueles que indagam sobre sugestões práticas para reconhecer sua alma gêmea estão fazendo a pergunta errada. Uma pessoa desprovida de visão (i.e., que não confia em sua intuição) simplesmente não pode ser auxiliada. Mas aqueles que antes de mais nada tomaram consciência de sua alma reconhecerão imediata e diretamente a alma de seu parceiro predestinado, da mesma forma que as pessoas de boa visão reconhecem rapidamente a paisagem que se descortina perante seus olhos. O contato entre as almas é tão direto quanto o contato dos corpos no mundo material. Tudo que podemos dizer é: 'Abra os olhos'"[1] E o conde Keyserling continua: "Num amante uma pessoa não vê senão o reflexo de sua própria alma, de modo que não é de admirar que esse reconhecimento freqüentemente se dê à primeira vista".[2]

Podemos realmente confiar em nossa intuição, mas também devemos entender que ela não é infalível. Às vezes cremos que determinada pessoa é nossa "alma gêmea", mas nem sempre é possível ter certeza de que ela seja, de fato, a encarnação de nossa outra metade. O objeto de nossa afeição pode ser *apenas* o parceiro destinado para a encarnação atual, ou a pessoa que nos atraiu o olhar (e o coração) pode ter sido o grande amor de uma de nossas encarnações anteriores. Nesses dois últimos casos, o amado poderia ser idêntico à nossa alma gêmea primordial, mas não é necessariamente assim que acontece. Nossa intuição pode se enganar, principalmente quando encontramos alguém muito parecido com nossa outra metade. Bo Yin Ra escreve sobre a questão da identificação de nossa alma gêmea: "Aqui na Terra, apenas aqueles que estão totalmente *despertos*, num sentido espiritual, são capazes de saber com certeza se seu companheiro terreno é idêntico à sua outra metade eterna".[3]

Bo Yin Ra descreve as dificuldades vividas por pessoas que não estão totalmente despertas. Esses indivíduos, espiritualmente entorpecidos, nunca podem ter certeza se encontraram ou não sua verdadeira alma gêmea: "Aqueles que acreditam que encontraram seus parceiros eternos, descobrirão mais tarde que se enganaram. Outros par-

---

1. Conde Hermann Keyserling: *The Book of Marriage: A New Interpretation by 24 Leaders of Contemporary Thought* (Blue Ribbon Books, 1926).
2. *Ibid.*
3. Bo Yin Ra: *Das Buch vom Menschen* (Munique, 1920), p. 47.

ceiros, que percebem um distanciamento mútuo devido a diferenças no modo de pensar e sentir, adquiridas em sua vida mundana, são, apesar disso, dois pólos de uma mesma entidade primordial dupla, dividida em tempos imemoriais".[4]

Alguns leitores podem ter curiosidade em conhecer mais sobre o caráter de sua alma gêmea. Será como eu ou muito diferente de mim? Como na pergunta anterior sobre a identificação do parceiro, essa questão é também muito hipotética para que possa ser respondida de maneira individual. É claro que as almas gêmeas são fundamentalmente semelhantes e se completam de modo perfeito. Em outras palavras, a questão pode ser respondida assim: se preciso de um parceiro que seja muito parecido comigo, então provavelmente minha alma gêmea encarnará as virtudes da semelhança; se, por outro lado, preciso de um parceiro cuja natureza seja diametralmente oposta à minha, então minha alma gêmea encarnará as virtudes da dessemelhança. Em todos os casos, a semelhança ou diferença entre as almas gêmeas dependerá do estágio de evolução desse par de almas gêmeas específico. Uma vez que cada alma deve criar dentro de si a maior harmonia possível e como duas partes da mesma entidade espiritual devem necessariamente ser semelhantes, eu diria que uma alma espiritualmente evoluída teria muitas possibilidades de ser idêntica à sua parceira também desenvolvida. Inversamente, uma alma menos evoluída provavelmente seria bastante diferente de sua outra metade, também pouco evoluída. O conde Keyserling concorda: "O velho adágio 'os opostos se atraem' aplica-se geralmente às personalidades monocórdias. Tais pessoas tendem a se sentir atraídas por outras que encarnam qualidades opostas porque encontram a complementaridade nessa oposição. Pessoas mais equilibradas geralmente se ajustam melhor a parceiros que têm características semelhantes à suas, diferindo apenas com relação a determinados traços, o que pode ser enriquecedor para ambas".[5]

---
4. Bo Yin Ra: *Das Buch vom Menschen* (Munique, 1920), p. 47s.
5. Conde Hermann Keyserling: *Das Ehe-Buch* (Celle, 1925), p. 241.

...E minha obra se completará
quando a tua essência,
purificada pela Terra,
unir-se à minha
em perfeita harmonia.
Pois lá no alto
nos fundimos a um ser eterno
e somos um só.
Somente na tua companhia posso cruzar
o último dos portais.
Esta é a revelação silenciosa
que dentro de mim surgiu, envolta em luz.
Vem, te espero!

Éfides *

---

* Trecho do Ephides — Ein Dichter des Transzendenten (Éfides — um poeta transcendental) gentilmente cedido por Anthos Publishers Weinheim, Alemanha.